Hinweise auf **Mobile** Zusatzmaterialien finden sich im hinteren Teil des Buches.

Mobile 2

Sprachbuch

Inhalt

	Eine Fahrt übers Meer	Seite 4 – 11
	Ich bin ich und du bist du	Seite 12 – 17
	Zusammen spielen	Seite 18 – 23
	Im Herbst	Seite 24 – 29
	Kleine und große Tiere	Seite 30 – 37
	Weihnachtszeit	Seite 38 – 43
	Woche für Woche	Seite 44 – 49
	Wenn es Winter wird	Seite 50 – 55
	Freunde	Seite 56 – 63
	Ostern	Seite 64 – 69
	Hexen, Detektive und Co.	Seite 70 – 75
	Meine Familie	Seite 76 – 83

 **Das Lern-Mobile**   Seite 84 – 129

 Arbeitstechniken   Seite 86 – 97

 Texte schreiben   Seite 98 – 107

 Richtig schreiben   Seite 108 – 119

 Sprache untersuchen   Seite 120 – 129

 Unsere Wörterliste   Seite 130 – 135

Eine Fahrt übers Meer

Pira ist eine kleine Piratin.
Sie segelt um die Welt.
Ihr Piratenschiff heißt Lola.
Pit ist Matrose.
Er hilft Pira an Bord.
Rudi Ratte geht mit Pira
und Pit auf große Fahrt.

1. Pira und Pit packen viele Dinge ein.
   Sprich die Wörter deutlich.
   Lege für jeden Laut einen Stein.
   S - a - f - t

2. Schreibe auf,
   was Pira und Pit mitnehmen.
   ✏ der Saft, …

die Mu🌥el

der 🌥ern

die Sch🌥fel

der Fi🌥

die 🌥inne

der Papag🌥

die 🌥alle

die Fr🌥nde

1. Hier ist viel zu sehen.
   Was kannst du entdecken?

2. 👥 Lies ein Wort vor.
   Dein Partner zeigt das Bild dazu.

3. Sprich die Wörter deutlich.
   Schreibe sie auf und setze
   die fehlenden Buchstaben ein.
   ✏️ die Muschel, …

An Bord der Lola

Auf dem großen Meer
ist immer etwas los.
Pira denkt sich
Piratenreime aus.
Pit angelt Fische
und Rudi schaut
nach den Vorräten.

"Diese Wörter fehlen."

Hai — voraus — Wind — geben — raus

Eins, zwei, drei,
heute fangen wir den ▲ .
Heute gibt's Piratenschmaus,
und du bist ◆ .

Lustig ist das Piratenleben.
Kann es etwas Schöneres ▲ ?
Wir fahren übers Meer geschwind.
In die Segel greift der ▲ .
Kommt mit auf das Meer hinaus!
Volle Fahrt ▲ !

1. Kannst du Piras Reime lesen?

2. Kennst du auch einen Reim?

1. Was ist in den Fässern und Kisten?
   Setze aus den Silben Wörter zusammen.
   ✏ die Nägel, …

2. Was hat die Lola noch geladen?
   Sprich die Wörter auf den Säcken deutlich.
   Schwinge dabei die Silben.
   ✏ der Zwieback, …

Wörter aus Silben zusammensetzen, Wörter in Silben zerlegen

Land in Sicht

Eines Tages entdeckt Pit eine Insel.
Ob das die geheimnisvolle Kraken-Insel ist?
Dort soll es einen Schatz geben.
Aber bisher hat es noch kein Mensch geschafft,
die Insel zu erreichen.
Pira und Pit wollen es versuchen.

1. Welche Schätze sind auf der Insel versteckt?
   Setze die Wörter zusammen.
   ✏ Goldmünzen, ...

2. Diese Dinge sind etwas Besonderes.
   Goldmünzen: Münzen aus Gold, ...

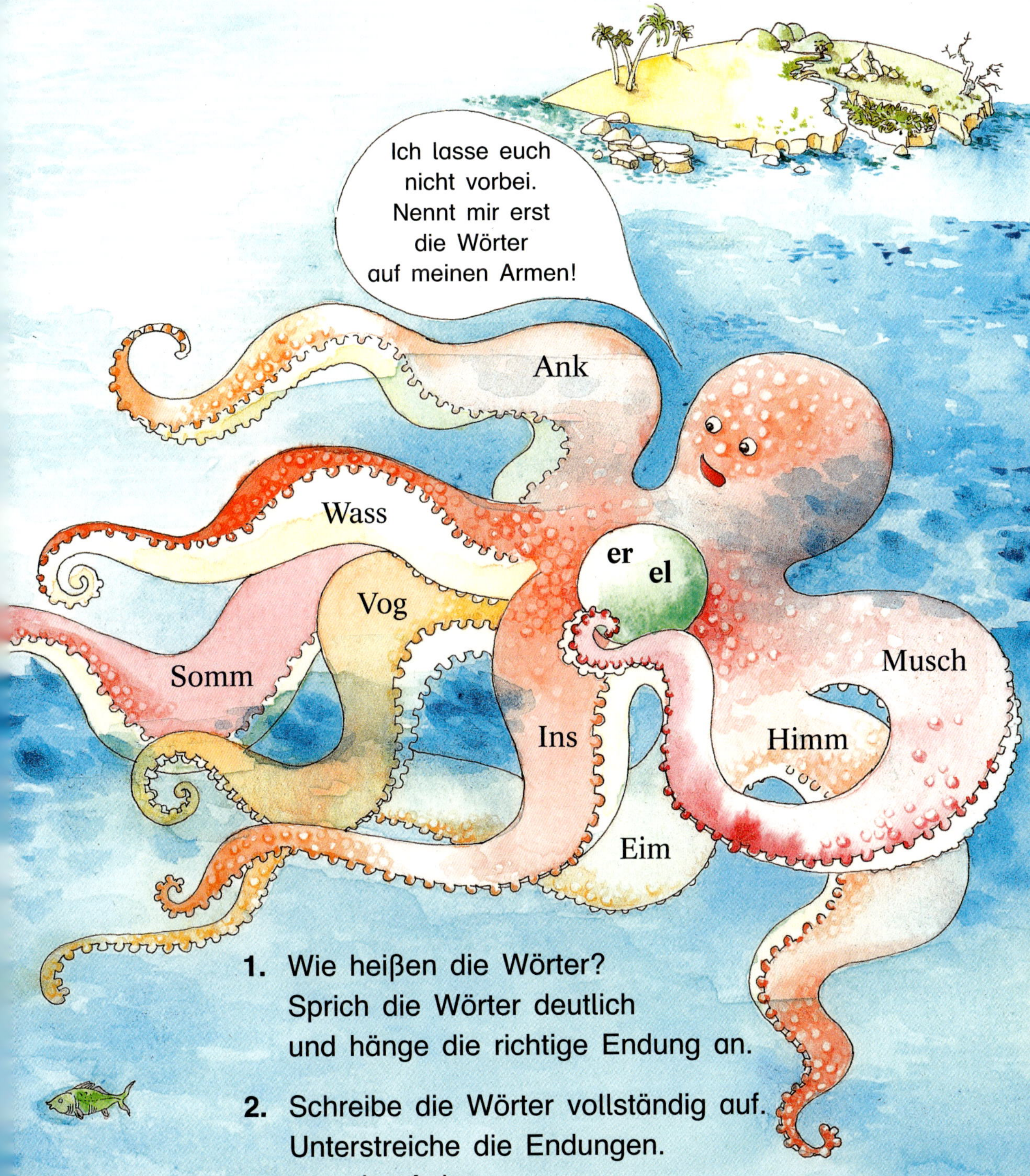

Ich lasse euch nicht vorbei. Nennt mir erst die Wörter auf meinen Armen!

Ank

Wass

er el

Vog

Somm

Musch

Ins

Himm

Eim

1. Wie heißen die Wörter?
   Sprich die Wörter deutlich
   und hänge die richtige Endung an.

2. Schreibe die Wörter vollständig auf.
   Unterstreiche die Endungen.
   ✏ der Ank<u>er</u>, ...

3. Suche weitere Wörter mit **el** und **er** am Ende. ✏

Endungen -er und -el bei Nomen

Auf der Insel

Pira und Pit haben
die Kraken-Insel erreicht.
Aber wo ist der Schatz?
Pira und Pit müssen
zwei schwierige Aufgaben lösen.

fliegt
am Himmel
schwimmt
ein Schlüssel
an der Palme
hängt
eine Krake
im Meer
eine Möwe

1. Schreibe jeden Satzteil auf einen Streifen.
   Lege Sätze und lies sie.
   Welcher Satz hilft Pira und Pit wohl weiter?

Grabt am blauen Stein einen Meter tief.
Ihr stoßt auf die Schatzkiste.
Mit dem Schlüssel könnt ihr sie öffnen.

Geht über die Brücke.
Sucht dann den blauen Stein.

Geht von der Palme zur Brücke.

Beginnt an der Palme.
Vergesst den Schlüssel nicht!

1. An der Palme finden Pira und Pit diesen Zettel.
   Lies die Sätze und ordne sie.
   ✏ 👑, ...
   Wo ist der Schatz?

2. Wie kann die Geschichte weitergehen? ✏

3. Lest eure Geschichten vor.

Ich bin ich und du bist du

1. Sprecht den Vers mit eurem Namen.
   Werft die Wolle zu einem anderen Kind.

Peter

Pierre

Pjotr
Пётр

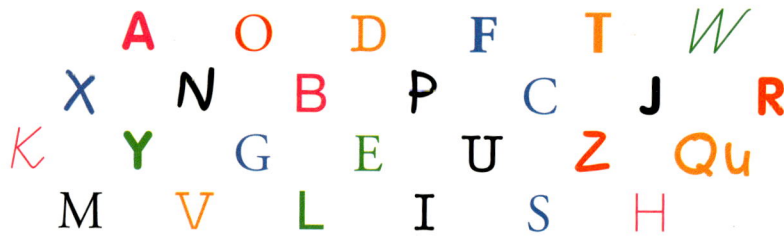

2. Mit welchem Buchstaben fängt dein Name an?

3. Nennt Namen aus eurer Klasse.
   Wie fangen sie an?

4. Welche Vornamen aus anderen Ländern kennst du?

einen Vers sprechen, Buchstaben und Laute einander zuordnen

● In dieses Heft schreibt und malt Lisa:
etwas über sich und andere,
eigene Geschichten, Bilder,
Gedichte und Lieder, die ihr gefallen.

1. Lisa hat ihr Heft so
angefangen. Und du?

●

2. Wen magst du?
Was gefällt dir?

ein Ich-Heft anlegen, erzählen, freies Schreiben

mother
father

madre
padre

mère
père

Mutter Bruder Vater
Freund Schwester
Opa Freundin Oma

1. Kennst du ihre Namen? Schreibe vier Sätze.
   ✏ Meine Mutter heißt … .

2. Bilde Wortpaare.
   ✏ Oma und Opa, Mutter und …

Eigennamen schreibt man groß.

3. Welche Namen haben deine Kuscheltiere?

4. Male und schreibe zu deinem Kuscheltier. Setze es vor dich auf den Tisch.
   ✏ Das ist mein Panda Paddy. Er …

Am Satzanfang schreibt man groß!

1. Tippe Sätze auf den Tasten.

2. Schreibe die Sätze auf.
✏ Meine Oma ist lieb. Kemal ist mein Freund.

● Wen magst du?

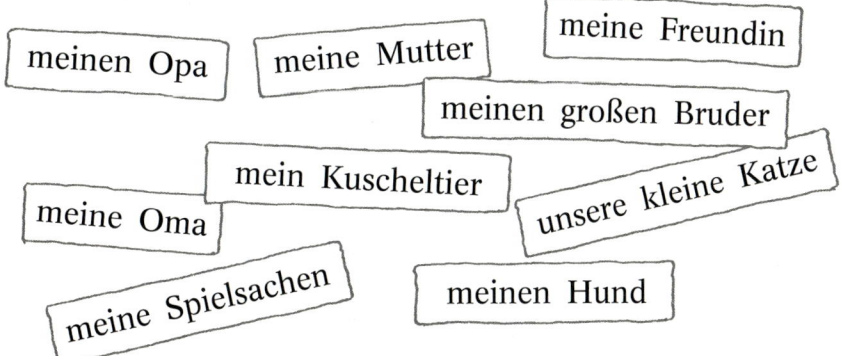

3. Schreibe vier Sätze auf.
✏ Ich mag …

ODER Schreibe eine Geschichte. ✏

Ich will … .
Wir wollen … .
Wir mögen … .

4. ✏ Wir mögen … . Wir wollen … .

Sätze bilden

die Katze
die Mutter
der Baum
der Bruder
der Hund
der Vogel
die Schwester
der Ring
der Vater
der Ball
die Blume

1. Ordne zu:
   ✏ 1 die Mutter,
   2 der ...

Wörter für Menschen, Tiere, Pflanzen und Dinge sind Nomen (Namenwörter).

2. Auf den Bildern siehst du
   ✏ Menschen: der Vater, die ...
   Tiere: die Katze, der ...
   Pflanzen: die Blume, ...
   Dinge: der Ball, ...

Und man schreibt sie groß.

3. Sammelt Wörter für Menschen, Tiere, Pflanzen, Dinge. ✏

4. Welche Dinge hast du?
   ✏ Ich habe eine Muschel, ein ...
   Wir haben einen Computer, eine ...

flower

fleur

çiçek

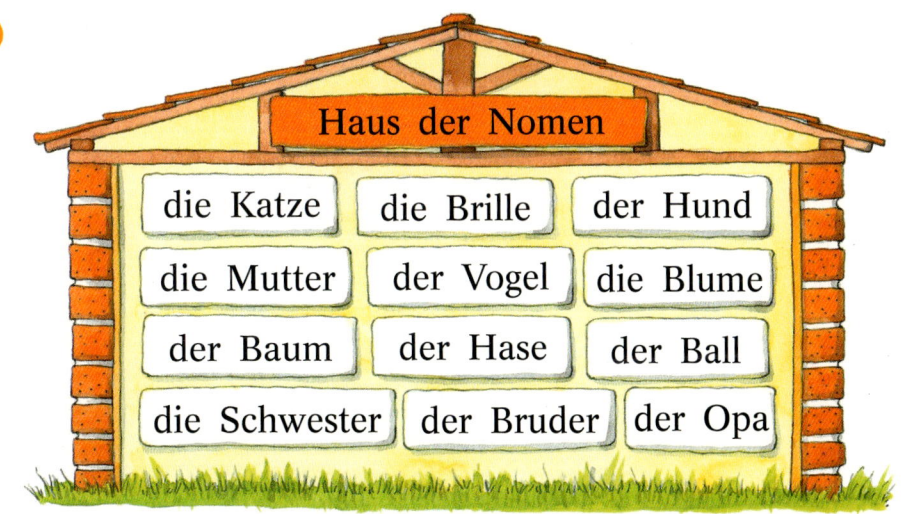

1. Schreibe die Nomen für Menschen ab und fahre den ersten Buchstaben rot nach.
   die **M**utter, der …

2. Denke dir zu den anderen Nomen Sätze aus.

Richtig abschreiben ist wichtig. Schau auf Seite 86 nach.

Ich mag meine Freundin.
Sie heißt Tanja.
Tanja hat einen großen Bruder
und eine Katze.
Die Katze mag meinen kleinen Ball.

3. Schreibe den Text ab.

groß   klein

ich   er   sie
mein   meine   und

die Mutter   der Vater
der Bruder   die Schwester
die Oma   der Opa
der Hund   die Katze
der Ball   die Blume
der Freund   die Freundin

heißen
ich heiße   sie heißt
er ist   sie sind
haben   sie hat
mögen   er mag
wollen   ich will

Seite 86 und 90   Seite 122
Nomen, Übungstext, Übungswörter

17

Zusammen spielen

1. Merke dir diese neun Dinge. Decke dann das Bild ab.

table

mesa

tavola

ein Stein	ein Auto	ein Ball
eine Schere	ein Buch	ein Bär
eine Banane	eine Birne	ein Heft
ein Apfel	ein Roller	ein Stift
ein Lineal	eine Puppe	

2. Welche Dinge sind auf dem Tisch?
   ✏ ein Auto, ein …

3. Von den vierzehn Nomen beginnen fünf mit **B**.

4. Sucht euch zwei Dinge heraus. Erzählt dazu.
   ODER Spielt zu zweit ein eigenes Merkspiel.

Seite 122
Merkübung, Nomen, Artikel, Wörter mit B

1. Was fehlt nun alles?
✎ das Auto, der …

der
die
das
ein
eine

● Katrin und Markus spielen das Merkspiel.
Katrin legt ei▢ Lineal, ei▢ Banane,
ei▢ Schere und ei▢ Buch auf den Tisch.
Markus nimmt d▢ Lineal und d▢ Schere weg.
Was liegt noch auf dem Tisch?
Die Banane und d▢ Buch.

2. Schreibe den Text ab und setze ein. ✎

Nomen haben Artikel (Begleiter). Sie heißen …

3. ✎ das Buch – ein Buch, die …

→ Seite 86 → Seite 122
Merkübung, Übungstext, bestimmte und unbestimmte Artikel

19

1. Ordne die Wortkarten richtig zu:
   der Apfel, der …
   die Katze, die …
   das Schwein, das …

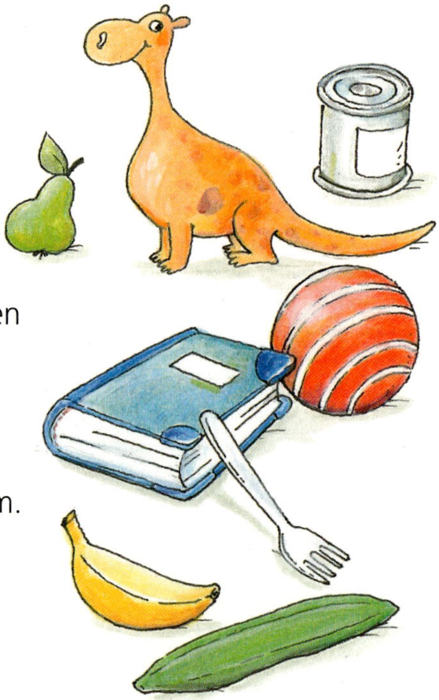

● Es ist lang, es ist glatt,
es ist eine … .

Es ist rund, es ist hart,
es ist eine … .

2. Was ist im Fühlkasten?

3. Bastelt euch einen Fühlkasten und spielt das Spiel:
„Es ist … ."

4. Sprich die Wörter deutlich und achte auf den Luftstrom.
„B: ein Ball, …"
„D: ein …"
„G: eine …"

1. Zeichne eine Tabelle und ordne die Nomen ein.

Einzahl	Mehrzahl
die Uhr	die U…

2. Macht Suchspiele mit der Tabelle.
   „Mein Wort steht in der Mehrzahl und hat ein ü."

3. Das Domino ist durcheinander geraten.
   Tippe die Karten
   in der richtigen Reihenfolge
   mit dem Finger an.

4. Schreibe die Nomen in der Einzahl und Mehrzahl auf.
   ein Hund – viele Hunde, eine …

Seite 122
Nomen in der Einzahl und Mehrzahl

Das Abc

A	Affe	N	
B	Bär	O	
C	Computer	P	Puppe
D		Qu	Quatsch
E		R	
F	Fernseher	S	Skateboard
G		T	Tasse
H		U	
I	Inline-Skates	V	
J		W	
K	Kassettenrekorder	X	Xylophon
L		Y	Ypsilon
M	Maus	Z	Zauberer

Ich mache mir ein Abc mit Tieren.

1. Wie sieht dein Wörter-Abc aus?
   Suche zu jedem Buchstaben ein Wort.
   Die Wörterliste (Seite 130 – 135) kann dir helfen.

2. Was für ein Abc möchtest du dir anlegen?
   Vielleicht ein Abc mit Wörtern aus anderen Sprachen?

Seite 94
ein Wörter-Abc anlegen, das Abc lernen, die Wörterliste benutzen

snake

serpiente

serpente

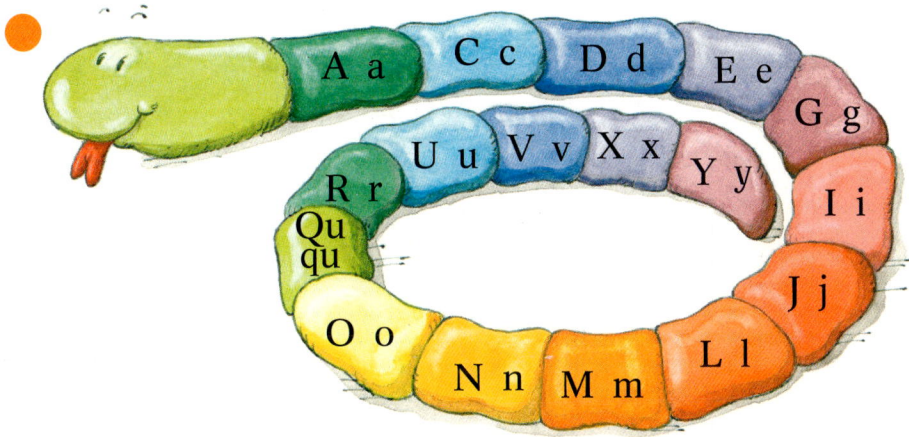

1. In der Abc-Schlange fehlen neun Buchstaben.
   Schreibe die fehlenden Buchstaben auf
   und ordne ihnen ein Wort zu.
   ✏ B/b – der Bär, F/f – …

2. Male eine bunte Abc-Schlange. ✏

In der Wörterliste sind die Wörter nach dem Abc geordnet.

3. Suche die Wörter in der Wörterliste (Seite 130 – 135).
   Schreibe sie mit dem Artikel auf. ✏

4. Schlage die Wörterliste auf.
   Male ein Suchbild für ein anderes Kind. ✏

| der Apfel   die Banane   der Bär |
| das Buch   der Computer   der Fisch |
| das Haus   der Kuchen |
| das Lineal   die Puppe   die Schere |
| die Tasse   der Tisch |
| die Uhr   das Wasser   der Zucker |

der   die
das
ein   eine

➜ Seite 90 und 94
Übungen zum Abc, die Wörterliste benutzen, Übungswörter

23

Im Herbst

Das tun die Kinder
der Klasse 2 b gern:

Rabea spielt gern
mit ihrem Drachen.

Fabian trocknet Herbstlaub.

Alina und Mark
spielen gern zusammen.

Kemal und Tanja
basteln miteinander.

Sven schreibt gern
am Computer.

Selina liest und malt gern.

1. Wie heißen die Kinder auf den Bildern?
   Was tut Fabian? Wer spielt gern zusammen?

2. Was macht ihr im Herbst? Befragt euch gegenseitig.

to sing

chanter

cantare

spielen	fliegen	schwimmen
erzählen	lesen – liest	
malen	schreiben	kochen
singen	lachen	fahren – fährt
gehen	basteln	klettern
flöten	rechnen	kommen	tanzen

3. Schreibt Sätze wie die Klasse 2b auf.
   Diese Wörter helfen euch dabei.

sinnverstehendes Lesen, Informationen einholen, Sätze bilden

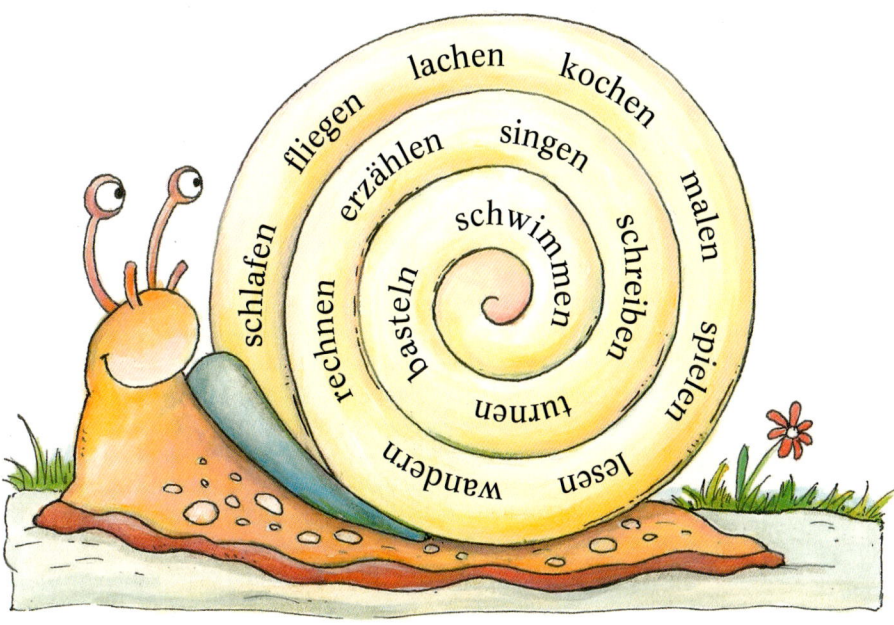

Verben (Tunwörter) sagen, was jemand tut.

1. Kommst du bis in die Mitte der Schnecke? Lies genau.

2. Suche dir ein Verb aus. Spiele vor. Die anderen müssen das Verb raten und in der Schnecke zeigen.

3. Suche fünf Verben heraus. Schreibe zu jedem einen Satz auf.

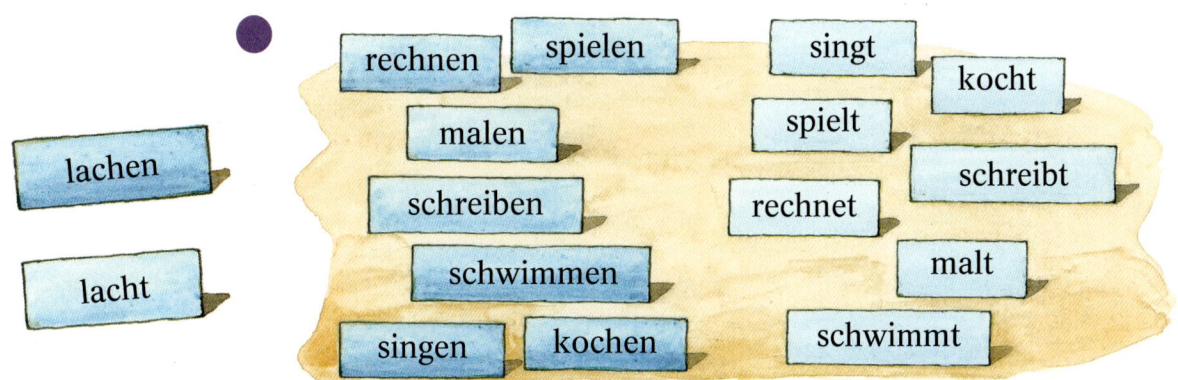

4. Ordne die Wortkarten.

5. lachen – lacht, rechnen – …

Seite 124
Verben, Grund- und Personalform beim Verb

25

Quadrat

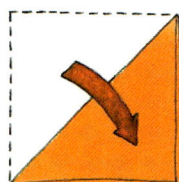
Dreieck

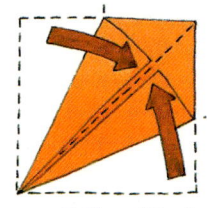
zur Mittellinie

Wollfaden

1. Hast du schon einmal einen Drachen steigen lassen? Erzähle.

2. Bastelt Drachen nach dieser Bastelanleitung. Überlegt gemeinsam, was ihr dazu braucht.

Drachen
Berg
Himmel
Wind
Freund
Drachen

Jan geht mit seinem  auf den  .

Sie wollen den  steigen lassen.

Da kommt der . Der

steigt hoch. Er fliegt bis in den ...

3. Schreibe den Text ab.
Setze die Nomen ein.
Denke an:

erzählen, eine Handlungsanleitung umsetzen, Übungstext

Herbst-Elfchen

Bunt
Mein Drachen
Er ist lustig
Ich sehe ihn gleiten
Toll
    Alex

Grau
Der Himmel
Regen Nebel Wind
Ich kann nicht mehr
Hinaus
    Martina

Gelb
Der Herbst
Er ist da
Ich wate durchs Laub
Schön
    Fabian

1. Zeile: ein Wort,
2. Zeile: …

1. Welches Elfchen gefällt dir besonders gut?
2. Finde die Regeln für ein Elfchen heraus.
3. Schreibe auch ein Elfchen und male dazu.
4. Stellt ein Elfchen-Buch her.
   ODER Gestaltet mit euren Elfchen eine Pinnwand.

Seite 96
kreatives Schreiben: Elfchen, Texte veröffentlichen

● Der Wind heult.

A E I O U

ich lass' euch keine Ruh,

a e i o u

ich hole euch im Nu.

1. Sprecht den Vers nach:
erst laut, dann leise,
erst langsam, dann schnell.

2. Wer kann den Vers singen?

Lauter Selbstlaute:
a e i o u.

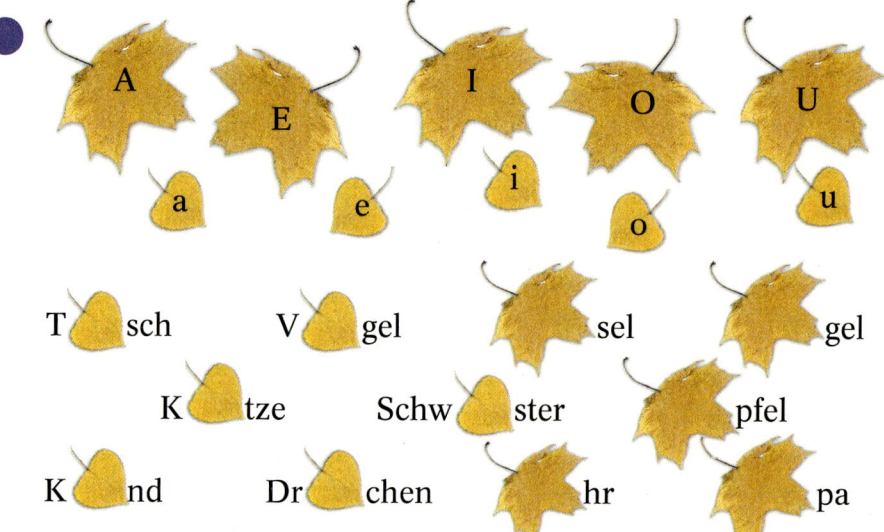

A   E   I   O   U
a   e   i   o   u

T■sch   V■gel   ■sel   ■gel
K■tze   Schw■ster   ■pfel
K■nd   Dr■chen   ■hr   ■pa

3. Der Wind hat viele Selbstlaute weggeblasen.
Probiere aus, welcher Selbstlaut passt.

● Sch■le   B■rg   H■nd   B■ch   W■nd   H■mmel
  Sch■le   B■rg   H■nd   B■ch   W■nd   H■mmel

4. Mit den Selbstlauten kannst du hier zwei Wörter zaubern:
Schule – Schale, ...

➜ Seite 120
Selbstlaute

● schwimmen basteln lachen kochen wollen
tanzen klettern lassen kommen

spielen malen fliegen holen
lesen haben fahren tragen mögen

1. Sprich deutlich den kurzen und langen Selbstlaut.
   Mache die passenden Bewegungen dazu.

2. Das mache ich gern

● die Katze  der Hut
　der Tisch　　　　　　　der Bär
　der Ball　　　　　　　 der Vater
　das Kind　　　　　　　 der Vogel

3. Sprich zuerst die Wörter der linken Spalte,
   dann die der rechten Spalte.
   Achte auf den kurzen und den langen Selbstlaut.
   Mache die passenden Bewegungen dazu.

4. ✏ die Katze – die Katzen, ...

●　malen　　er malt
　rechnen　sie rechnet
　schreiben　er schreibt
　schwimmen　sie schwimmt
　singen　　er singt
　spielen　　sie spielt
　fliegen　　er fliegt
　kommen　 sie kommt
　lassen　　er lässt
　steigen　　sie steigt

der Berg
der Drachen
der Himmel
der Wind
die Schule

sein　seine
　im　in
da　auf　mit

→ Seite 90　→ Seite 112
lange und kurze Selbstlaute unterscheiden, Übungswörter

Kleine und große Tiere

1. Sammelt und malt Bilder von Tieren.
2. Sprecht über die Bilder.

gato

chat

gatta

kedi

- Mich hat einmal eine Katze gekratzt.
- Ich habe meine Katze schon zwei Jahre.
- Wir haben keine Katze, aber einen Hund.
- Meine Katze schläft viel.

3. Findest du noch mehr Sätze?
4. Sammelt Wörter für Tiere in verschiedenen Sprachen.

erzählen, Sätze bilden

●

Mein Vogel

Ich habe
einen Vogel.
Er heißt Pit.
Ich spiele
gern mit ihm.
Pit fliegt oft
auf meine Hand.
Dann singt er.

Hannah

Meine Katze

Ich habe eine Katze
sie heißt Mimi ich
mag sie sehr gern
Mimi will immer
wieder spielen oft
schläft sie bei mir
ein

Florin

Am Ende eines Satzes steht ein Punkt.

Nach dem Punkt schreiben wir immer groß.

1. Lest die Geschichten von Hannah und Florin.
2. Welche Geschichte kann man leichter lesen?
3. Schreibe Florins Geschichte richtig auf. ✏️

● **Mein Tier**

Ich habe ein Tier es ist
ein Vogel er heißt Joki ich mag
ihn gern er fliegt auf meine Hand
dann spiele ich mit ihm ich habe
meinen Vogel lieb

4. Schreibe diese Geschichte auf. ✏️

   ⓄDER Schreibe eine eigene Tiergeschichte. ✏️

→ Seite 86 und 96   → Seite 128
Punkt am Satzende, Großschreibung am Satzanfang, Übungstext

1. Sammelt für eure Pinnwand selbst Bilder aus Kinderzeitungen, Kalendern und Werbeanzeigen.
2. Erzählt zu den Bildern.

3. Welche Wörter fallen dir zu deinen Bildern ein?

Einmal war ich mit meinem Vater im Zoo. Am besten haben mir die Affen gefallen, besonders das Affenpaar mit dem Baby. Das Affenbaby war noch sehr klein. Es hatte Angst. Es saß immer bei seiner Mutter.
           Dominik

Als wir im Zoo waren, haben wir bei der Fütterung der Seehunde zugeschaut. Bevor die Seehunde einen Fisch verschluckten, machten sie fast immer Kunststücke.
           Jessica

In den Ferien waren wir im Zoo. Das war toll. Wir haben viele Tiere gesehen. Die Bären haben mir am besten gefallen. Wir haben auch ein Erdbeer-Eis gegessen. Dann sind wir noch mit einem Boot gefahren.
           Alina

Mir gefällt die Geschichte über die Affen gut, weil ...

1. Welche Bilder hatten sich Dominik, Jessica und Alina für ihre Geschichten ausgesucht?
2. Welcher Text gefällt dir besonders gut? Begründe.
3. Suche dir ein Bild oder mehrere Bilder aus. Schreibe dazu eine Geschichte.
4. Lest eure Geschichten vor. Stellt sie im Klassenzimmer aus.
5. Suche aus den Geschichten alle Wörter mit **aa**, **ee**, **oo** heraus.

Seite 96
Geschichten schreiben und darüber sprechen, Wörter mit aa, ee, oo

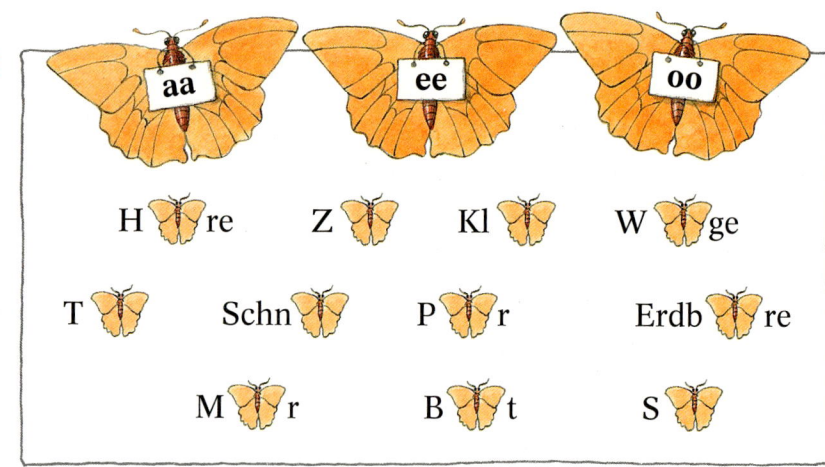

Haare   Zee   Klee   Waage

Tee   Schnee   Paar   Erdbeere

Meer   Boot   See

Wörter mit **aa, ee, oo** muss ich mir merken.

1. Ein Kind liest ein Wort, ein anderes zeigt es.
2. Setze **aa**, **ee**, **oo** richtig ein.
3. Bilde zu acht Wörtern Sätze.
   Die Haare vom Löwen nennt man Mähne.

Wilhelma Stuttgart

12. November

Liebe Klasse 2a,

wir sind im Zoo
und sehen uns
alle Tiere an.

Wart ihr schon mal
im Zoo?

Viele Grüße
von eurer
Patenklasse 4a

P.S.: Schreibt uns mal!

An die
Klasse 2a
Burg-Grundschule
Burgstr. 27
89526 Birkenhausen

4. Schreibt gemeinsam eine Antwortkarte an die Klasse 4a.
   Worauf müsst ihr achten?
5. Bringt Postkarten von zu Hause mit und erzählt dazu.

Seite 106   Seite 118
Wörter mit aa, ee, oo, Sätze bilden, eine Postkarte schreiben

Braunbär

Name: Alaska-Braunbär
Größe: 3 Meter
Gewicht: bis 675 kg
Alter: 20-30 Jahre
Nahrung: Fleisch, Gras und Beeren (Allesfresser)
Lebensraum: Wald, Tundra

1. Lies den Steckbrief.
   Was erfährst du über den Braunbären?

2. Welches Tier interessiert dich?
   Informiere dich in Büchern
   oder im Internet: www.blinde-kuh.de.

3. Schreibe einen Steckbrief über dieses Zootier.

4. Stellt eure Tiere in der Klasse vor.

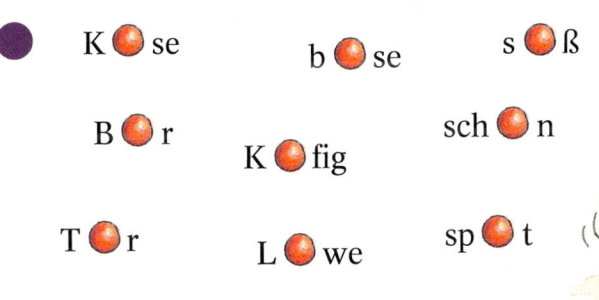

K●se   b●se   s●ß

B●r   K●fig   sch●n

T●r   L●we   sp●t

ä, ö, ü sind Umlaute.

5. Welche Umlaute gehören zu den Bällen?

6. Setze die fehlenden Umlaute ein.
   der Käse, …

7. Bilde mit den Wörtern lustige Sätze.

   ODER Suche dir drei Wörter aus
   und erzähle eine Geschichte.

Seite 120
Informationen sammeln, einen Steckbrief schreiben, Umlaute

Wie wär's mit einem Schleichdiktat wie auf Seite 87?

Im Zoo

Die Schüler und Schülerinnen
gehen in den Zoo.
Sie kommen zu den Bären.
Im Käfig sind junge Bären.
Sie spielen mit Bällen und
hüpfen herum. Einer fällt hin.
Er springt schnell wieder auf.
Die Mutter trägt einen
kleinen Bären auf dem Rücken.

1. Schreibe den Text ab.
Denke an:

chen und lein machen alles klitzeklein.

Viele Tierkinder

Der Bär hat ein Bärchen,
die Katze hat ein Kätzlein,
der Hund hat ein …,
der Vogel hat ein … ,
das Schaf hat ein … .
Der Affe hat ein … ,
die Taube hat ein … ,
die Maus hat ein … ,
der Wolf hat ein … .

2. Schreibe ab und ergänze.

3. Zu welchen Tieren gehören diese Tierkinder:
Ferkel, Kitz, Kalb, Lamm, Welpe?

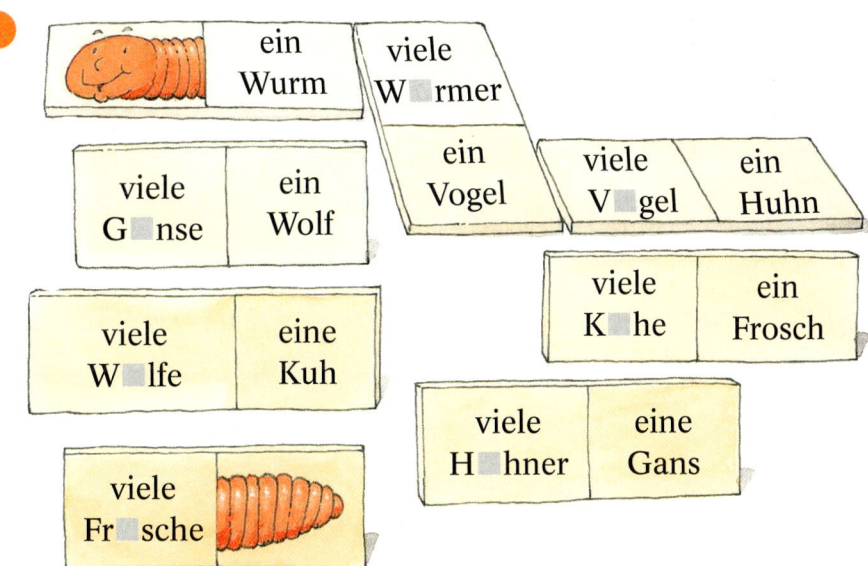

Ich kann auch die Mehrzahl schreiben:
aus **a** wird **ä**,
aus **o** wird **ö**,
aus **u** wird **ü**.

ein Wurm — viele Würmer
viele Gänse — ein Wolf
ein Vogel — viele Vögel — ein Huhn
viele Wölfe — eine Kuh
viele Kühe — ein Frosch
viele Hühner — eine Gans
viele Frösche

1. 👥 Stellt euch ein Domino her und spielt damit. ✏️
2. ✏️ ein Wurm – viele Würmer
   ein Vogel – …

Topf
Hut
Mantel
Apfel
Turm
Hand

3. Schreibe auch diese Wörter auf.
   ✏️ der Topf – die Töpfe, …

das Tier   der Vogel
die Hand   der Rücken
der Käfig   der Zoo
der Schnee das Haar
der Schüler der Lehrer
die Schülerin   die Schülerinnen
die Lehrerin   die Lehrerinnen
der Topf   der Turm   der Mantel

hüpfen   sie hüpft
tragen   sie trägt
werden   er wird

ihm   ihn
gern oft
wieder herum
dann

lieb

Weihnachtszeit

Father Christmas

Santa Claus

père Noël

In Schweden feiern wir am 13. Dezember das Luciafest.
Lucia trägt eine Krone mit Kerzen.
Sie bringt Licht in die Dunkelheit.
    Christina

Philip's story
Father Christmas and his reindeer came to my house last night.
I found my presents in the morning.

Und das heißt auf Deutsch:
Der Weihnachtsmann und seine Rentiere kamen letzte Nacht zu meinem Haus.
Ich fand meine Geschenke am Morgen.

1. Welche Feste feiert ihr in der Weihnachtszeit? Erzählt.
2. Ein Fest in der Weihnachtszeit

mündlich und schriftlich erzählen

Weihnachten
Zuckerfest
Ostern
Neujahr
Fastenbrechen
Hochzeit
Geburtstag
Namenstag
Kommunion
Nikolaus
Fastnacht
Fasching
Karneval
Silvester

1. Was passt zu welchem Fest?
   ✏ Sack und Rute – Nikolaus
   Ringe – ...

2. Welche Feste feiert ihr? Erzählt.

Nikolaus — Apfel, Teller, suchen, Stiefel

lustig, Besuch, essen — uckerfest

Silvester — Feuerwerk, Blei gießen, Sekt, tanzen

Geschenke
Girlanden
Luftballons
Raketen

trinken
spielen
singen
reden

3. Wähle ein Fest aus.
   Welche Wörter sind für dich wichtig? ✏

4. Gestalte ein Bild zu deinem Fest. ✏

Seite 88
erzählen, Wörter sammeln, mit Schrift gestalten

39

Good morning to the presents
Good morning to the elves
Good morning to the workshop at the pole
Good morning to the reindeer
Good morning to the sleigh
Good morning to the Santa we all know.

Seid stille, nicht geplappert,
wer klopft an unser Tor?
Ein Säcklein hat geklappert,
Sankt Niklaus steht davor.
Sankt Niklaus mit dem Hute,
lass doch den Esel drauß'.
Verstecke deine Rute
und leer dein Säcklein aus.

Niklas, Niklas,
guter Gast,
hast du mir
was mitgebracht?
Hast du was,
so setz dich nieder,
hast du nichts,
dann geh nur wieder.

Dat ist Sinterklaas
met zijn knecht Pieterbaas,
die zijn weer uit Spanje
gekomen,
ze hebben weer zakken en
manden en pakken
vol lekkers en moois
meegenomen.

1. Welches Gedicht gefällt dir am besten?
Schreibe das Gedicht auf und male dazu.

ODER Suche dir ein anderes Weihnachtsgedicht
und male dazu.

Seite 86
ein Gedicht sprechen, aufschreiben und gestalten

Ker-
Nüs- la- se
Äp- ko- chen
Scho- zen
Leb- ko- fel de
Ni- ku- laus

1. Was hat der Nikolaus in seinem Sack?
   Setze die Silben zu Wörtern zusammen (6 Wörter).

Weihnachtswünsche

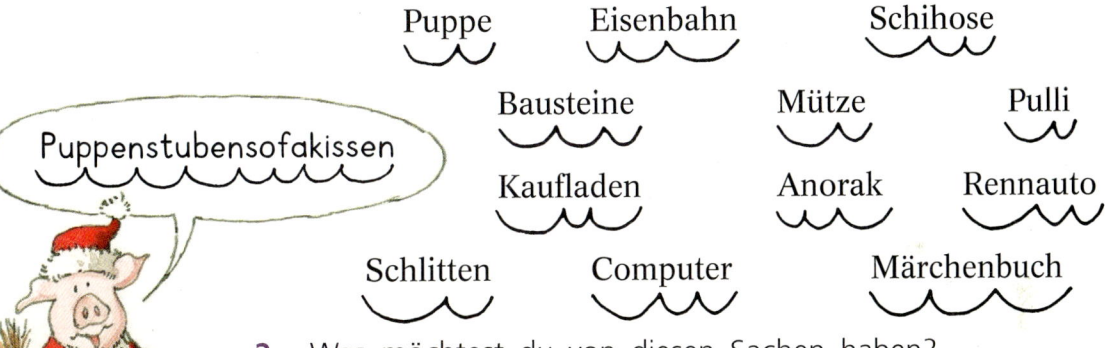

Puppe   Eisenbahn   Schihose

Bausteine   Mütze   Pulli

Kaufladen   Anorak   Rennauto

Schlitten   Computer   Märchenbuch

Puppenstubensofakissen

2. Was möchtest du von diesen Sachen haben?
3. Sprich die Wörter deutlich. Schwinge dabei die Silben.
4. Ordne: Wörter mit zwei Silben (4 Wörter),
   Wörter mit drei Silben (8 Wörter).

---

lernen   malen   freuen   Lieder   Klasse
Kerzen   Weihnachten   Nikolaus   Gedichte

5. Wie trennst du diese Wörter?
   Sprich sie und schwinge dabei die Silben.
6. Schreibe die Wörter mit Trennstrichen auf.

Seite 108   Seite 120
Wörter aus Silben zusammensetzen, Wörter in Silben zerlegen

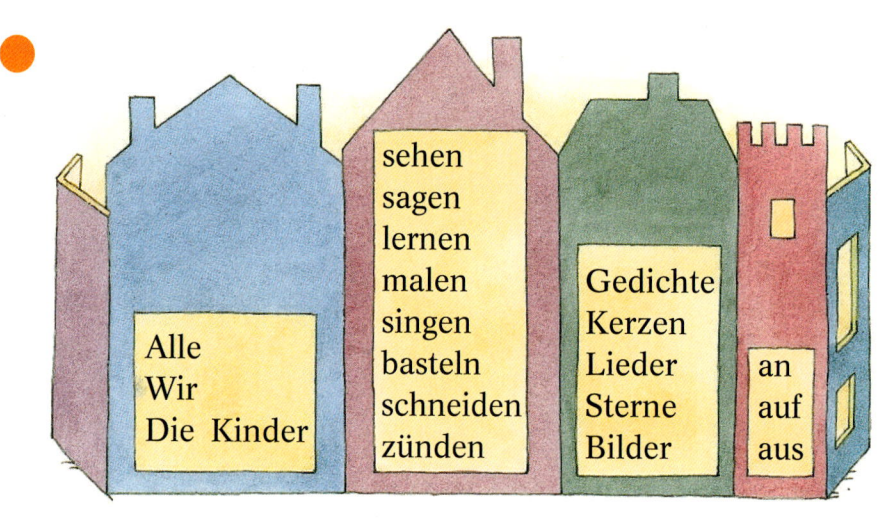

Alle	sehen		
Wir	sagen	Gedichte	
Die Kinder	lernen	Kerzen	an
	malen	Lieder	auf
	singen	Sterne	aus
	basteln	Bilder	
	schneiden		
	zünden		

1. Bilde viele verschiedene Sätze.

Weihnachtsstern

Baumschmuck   Weihnachtsbaum

Wörter kann man zusammensetzen.

GLAS KUGEL

2. Bilde weitere zusammengesetzte Wörter, die zur Weihnachtszeit passen.

3. Wähle einige Wörter aus und male dazu.

schenken — Geschenk — Geschenkband — …

4. Suche weitere verwandte Wörter.

Seite 122
Sätze bilden, zusammengesetzte Nomen, Wortfamilie schenken

Verlängere das Wort. Dann weißt du, wie man es am Ende schreibt.

das Lie**?**   die Lieder   das Lied

das Bil**?**   die Bil▢er   das Bil▢

der Ta**?**   die Ta▢e   der Ta▢

das Kin**?**   die Kin▢er   das Kin▢

1. Ergänze die fehlenden Buchstaben. Beachte Josis Tipp.

Sterne
Weihnachten
Lieder
Kerzen
Gedichte
Nikolaus

In der Klasse zünden wir jeden Tag _____ an.

Wir singen zusammen _____ und lernen _____.

Die Kinder schneiden _____ aus.

Wir wollen einen _____ basteln.

Jeder bringt etwas mit. Alle freuen sich auf _____.

2. Setze die Nomen ein. Übe den Text als Dosendiktat.
Hilfe: Seite 87

das Bild	die Bilder
das Kind	die Kinder
das Lied	die Lieder
der Tag	die Tage
das Gedicht	die Kerze
der Nikolaus	Weihnachten
	die Klasse

alle
sich
wir
jede
jeder

lernen
anzünden
basteln
sich freuen
schenken
schneiden
ausschneiden
sehen

Seite 86 und 90   Seite 116
Wörter verlängern bei Auslautverhärtung, Übungstext, Übungswörter

Woche für Woche

Am Montag fängt die Woche an,
der Dienstag schließt sich daran an.
Am Mittwoch sind wir in der Mitte,
für Donnerstag hab' ich eine Bitte:
Komm am Freitag mich besuchen,
dann backen wir am Samstag Kuchen,
Am Sonntag essen wir ihn auf,
so nimmt die Woche ihren Lauf.

1. Lies das Gedicht.
   Sprich die Wochentage
   besonders deutlich.

2. Mein Lieblingstag

1 Montag	2 Dienstag	3 Mittwoch	4 Donnerstag	5 Freitag
Flötenunterricht	Zahnarzt	Peris Geburtstagsfeier	Fußball	Judo

3. In dieser Woche hat Julian viel vor.
   Lege eine Tabelle mit den Wochentagen an.
   Trage ein, was Julian nachmittags macht.

Montag	Dienstag	Mittwoch	...
...			

   ODER Was hast du in dieser Woche vor?
   Lege eine Tabelle an.

44   die Wochentage lernen, einen Wochenplan in Tabellenform schreiben

Dienstag
Donnerstag
Mittwoch
Samstag
Freitag
Sonntag
Montag
◆ienstag
D◆nnerstag
M◆ttwoch
M◆ntag
◆onntag
Fr◆◆tag
◆amstag

1. Zu jeder blauen Karte passt eine rote. Zeige immer auf beide.

2. Lies die roten Karten schnell.

3. Beantworte die Fragen.
   An welchem Tag ist immer schulfrei?
   An welchem Tag hast du Geburtstag?
   Welcher Tag ist heute?
   Welcher Tag war gestern?
   Welcher ist dein Lieblingstag?
   Welcher Tag hat **ie**?
   Wie heißen alle Tage zusammen?
   Welche Tage haben
   die gleichen Anfangsbuchstaben?
   Welche Tage haben **nn** oder **tt**?

die Wochentage lesen und schreiben

Unsere Woche

schreiben   turnen   lesen
rechnen   flöten   singen
spielen   malen   erzählen
basteln   tanzen   weben
nähen   musizieren   drucken
kochen   sticken   schwimmen

1. Was machen Josi und Josine?
✏ Am Montag erzählt Josine
ein Märchen.
Am Dienstag ...

2. Was machst du am Sonntag am liebsten?

sunday

dimanche

domenica

● ⚀ Am Montag spiele ich mit meinen Freunden.
⚁ Wir turnen am Dienstag.
⚂ Mein Opa kommt am Mittwoch zu uns.
⚃ Am Donnerstag kochen wir Gemüsesuppe.
⚄ Am Freitag wollen wir einkaufen.
⚅ Am Sonntag gibt es Kuchen.

3. Übe diese Sätze als Würfeldiktat. ✏
- Würfle.
- Lies den Satz mit dieser Zahl.
- Decke den Satz ab.
- Schreibe den Satz auf und vergleiche.
  Schaffst du es, alle Sätze zu würfeln?

Suppenteller
Brettchen
Messer
Löffel
Gemüse
Serviette
Suppe

● Am Donnerstag wollen wir eine ⬚ kochen.

Dazu muss ich mitbringen:

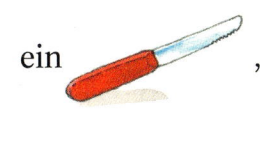

ein ⬚ , einen ⬚ , einen ⬚

ein ⬚ , eine ⬚ und ⬚ .

1. Schreibe auf, was du mitbringen musst.
2. Fahre alle **ff**, **ll**, **nn**, **pp**, **ss**, **tt** farbig nach.
   Setze unter jeden kurzen Selbstlaut einen Punkt.

Minestrone

eine italienische Gemüsesuppe

- Gemüse putzen und klein schneiden
  (Tomaten, Bohnen, …)
- in einem großen Suppentopf
  Wasser zum Kochen bringen
- Suppenwürfel darin auflösen
- Gemüse dazugeben
- nach einiger Zeit Nudeln mitkochen
- mit Pfeffer, Salz, etwas Butter
  und Basilikum abschmecken
- in Teller füllen und mit Parmesankäse bestreuen

Guten Appetit!

3. Welche Zutaten brauchst du für eine Minestrone?
   Zutaten für Minestrone:
   verschiedene Gemüse,
   Suppenwürfel, …

Bilderrätsel

Se**ll**erie   Karto**ff**el   Karo**tt**e

1. Schreibe selbst Bilderrätsel zu diesen Wörtern:
   Messer, Pfanne, Teller, Löffel.

Wörterrätsel

Ein Kind bekommt ein Wort gezeigt.
Es malt zu diesem Wort Bilder an die Tafel.

2. Zu welchen Wörtern hat das Kind Bilder gemalt?

3. Male Bilder zu diesen Wörtern:
   Puppenkleid, Fußball, Pfannkuchen,
   Kartoffelsalat, Handschuh.

Wörter-Suchwettstreit

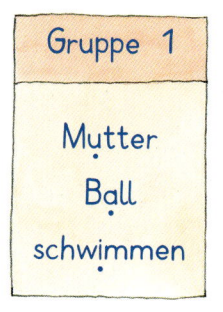

Gruppe 1

Mu̇tter
Bȧll
schwi̇mmen

Bildet Gruppen.
- Jede Gruppe braucht einen Zettel.
- Jedes Kind braucht einen Stift.
- Sucht aus der Wörterliste (Seite 130 – 135)
  Wörter mit **ff**, **ll**, **mm**, **pp**, **tt** heraus.
- Der Zettel geht im Kreis herum.

4. Setzt unter den kurzen Selbstlaut einen Punkt.

5. Wie viele Wörter hat jede Gruppe
   nach zehn Minuten richtig geschrieben?

48   Seite 94   Seite 112   Seite 122
Wörter mit doppeltem Mitlaut, zusammengesetzte Nomen

Einladung zum Suppenfest in Klasse 2b

Liebe Eltern,
wir laden euch zum Suppenfest ein.
Wann: Donnerstag, den 12. Februar um 12 Uhr
Wo: Klassenraum der 2b
Eure Klasse 2b

Liebe Eltern, am Donnerstag kochen wir Minestrone. Dazu laden wir euch ein.

1. Gestalte eine besondere Einladungskarte.

Löffelausstellung

Koch   Schöpf   Suppen
Tee   Schaum   Rühr
Kaffee   Eis   Schuh   Mokka

Ich habe auch Löffel.

2. Kochlöffel, Schöpflöffel, ...
3. Macht zum Suppenfest eine Löffelausstellung.

die Woche	Montag
Dienstag	Mittwoch
Donnerstag	Freitag
Samstag	Sonntag
das Messer	der Löffel
die Pfanne	die Suppe
die Kartoffel	die Kartoffeln
das Gemüse	der Teller
die Einladung	

einladen
kaufen
einkaufen
kochen
turnen

es   uns
am   zu

Seite 90   Seite 107   Seite 122
eine Einladung schreiben, zusammengesetzte Nomen, Übungswörter

Wenn es Winter wird

Mich mögen die Kinder lieber.

1. Was machst du im Winter besonders gern?
   Und was machst du im Sommer besonders gern?

2. Spielt den Wettstreit zwischen Sommer und Winter.
   Sommer: Im Sommer ist es schön warm.
   Winter: Ich bringe viel Schnee.
   Sommer: Bei mir …

summer
winter

été
hiver

heiß — Sonne — Sommer — … — …

… — Schnee — Winter — … — …

3. Was fällt dir zu Sommer ein, was zu Winter?

4. Schreibe und male, was du im Winter und im Sommer gerne tust.

erzählen, Gespräche führen, Wörter sammeln, freies Schreiben

Hut	alt
Nase	dick
Augen	rot
Schal	rund
Knöpfe	schwarz
Bauch	bunt

1. Hast du auch schon einen Schneemann gebaut?
   Erzähle.

2. Wie sieht denn dieser Schneemann aus?
   Beschreibe genau:
   Der Schneemann hat einen alten Hut auf. Er ...

Topf	lang
Ast	alt
Mütze	trocken
Stoff	schwarz
Eimer	bunt
Blätter	rot
Steine	blau
Kohlen	braun
Karotte	
Besen	

Adjektive (Wiewörter) sagen, wie Menschen, Tiere, Pflanzen und Dinge sind.

3. Wie willst du deinen Schneemann bauen?
   - die Augen: zwei <u>schwarze</u> Steine
   - der Hut: ein ...
   - der Stock: ...
   - der Schal: ...
   - die Nase: ...
   - der Mund: ...

4. Unterstreiche die Adjektive grün.

Seite 126
Adjektive

Er hat eine gelbe Mütze.
Er trägt einen roten Schal.
Seine Haare sind schwarz.
Seine Hose hat ein Loch.
An seinem Anorak sind
zwei große Taschen.
Seine Schuhe sind blau.

1. Wer ist das? Jens oder Felipe?

2. Stellt Rätsel zu Kindern in der Klasse.
   Schreibe ein Rätsel auf.

*Es ist weiß,
es ist kalt,
man kann
es werfen.*

*Es ist lang,
es ist spitz,
man schreibt
damit.*

*Es ist eckig,
es ist weich,
man legt den
Kopf darauf.*

3. Kannst du die Rätsel lösen?

4. Schreibe zu den Bildern auch Rätsel.

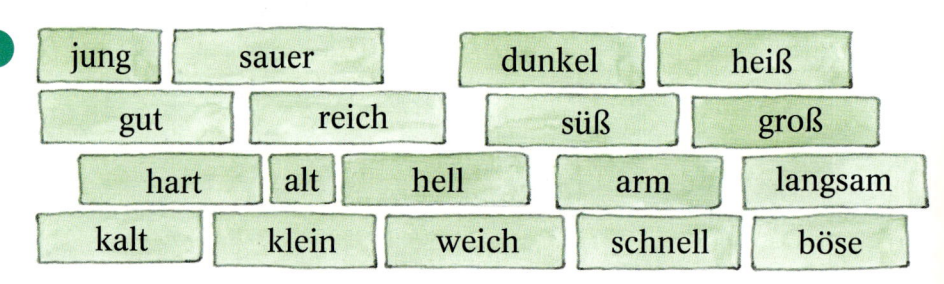

jung   sauer   dunkel   heiß
gesund   gut   reich   süß   groß
krank   hart   alt   hell   arm   langsam
kalt   klein   weich   schnell   böse

5. Ordne die Karten zu Paaren.
   jung – alt, ...

in Sil-ben-rät-sel!

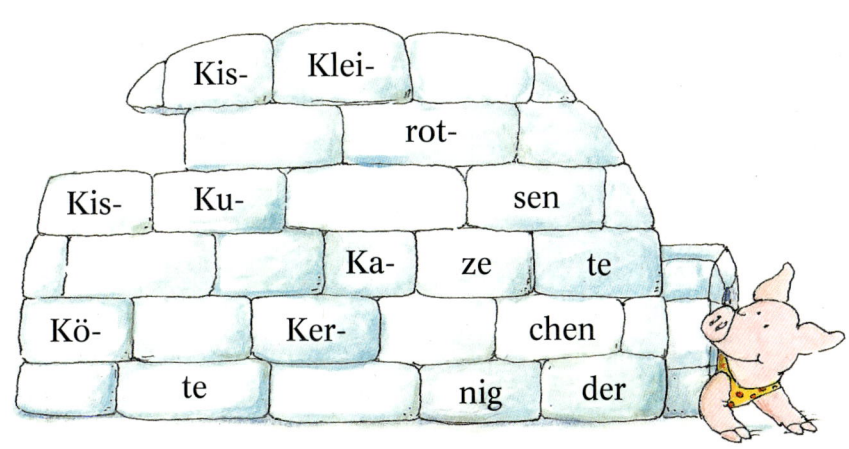

Kis- Klei-
rot-
Kis- Ku- sen
Ka- ze te
Kö- Ker- chen
te nig der

Darin kannst du etwas aufbewahren.
Er schmeckt süß.
Du kannst darauf schlafen.
Er trägt eine Krone.
Sie brennt und leuchtet.
Das kannst du anziehen.
Du kannst sie essen.

1. Löse das Silbenrätsel.

2. Sprich jedes Wort mit **K** deutlich.
   die Kiste, ...

3. Schreibe ein Silbenrätsel zu:
   Schokolade, Nikolaus, Klasse, Katze, Postkarte, Wolke.

rot
schwarz
weich
gut
lieb
blau

Wir haben im Garten
einen Schneemann gebaut.
Er hat eine ■ Nase.
Die Augen sind ■.
Er trägt einen ■ Schal.
Sein Mantel hat ■ Knöpfe.
Im Winter geht es ihm ■.
Wir haben ihn ■.

4. Schreibe den Text ab
   und setze die Adjektive richtig ein.
   Denke an:

Seite 86   Seite 108 und 110   Seite 120
Wörter aus Silben zusammensetzen, Wörter mit K/k, Übungstext

53

Viele Schreibideen

Der Bär möchte Bären-Papa sein

Es war einmal ein Bär.
Der wollte Bären-Papa sein.
Er sagte zum Frosch:
„Du, ich möchte ein Kind haben."
Der Frosch antwortete:
„Die Kinder bringt doch der Storch!"

Da ging der Bär zum Storch
und fragte ihn.
„Bringst du mir ein Kind?"
Der Storch überlegte.
Dann sagte er: „Hier ist dein Kind."
„Iii, das ist doch kein Kind!",
rief der Bär.
„Das ist doch ein Fisch."

Traurig suchte der Bär weiter.

Philipp

1. Was tun die Kinder? Sammelt weitere Ideen.

2. Wähle eine Schreibidee aus.

3. Richtet in eurem Klassenzimmer eine Schreibecke ein.

1. Erzähle, was geschieht.
   Wie kann die Geschichte weitergehen?

2. Schreibe deine Geschichte auf.
   Suche für deine Geschichte eine Überschrift.

3. Lest euch die Geschichten vor.
   Überlegt gemeinsam:
   - Passt die Überschrift?
   - Verstehst du alles?

4. Macht aus euren Geschichten
   ein Geschichtenbuch.

der Sommer	der Winter
die Sonne	
das Auge	die Nase
der Hut	der Schal
das Kissen	die Kiste
das Kleid	der König

alt	jung
böse	gut
gesund	krank
hart	weich
heiß	kalt
langsam	schnell
süß	sauer
rot blau	schwarz

Seite 90   Seite 98
zu einem Bild schreiben und sich darüber austauschen, Übungswörter

Freunde

1. Gib den Kindern Namen. Erzähle, was geschieht.
2. Spielt die Geschichte.
   Wie kann das Mädchen seinen Freund trösten?
3. Suche zu der Geschichte eine passende Überschrift.

   Der Stolperstein   Fiona und Lukas   ?

   fallen tanzen rennen fangen träumen singen
   lachen weinen stolpern schleichen schreien

4. Welche Wörter passen zu den Bildern?

1 — Fiona und Lukas spielen Fangen. / Fiona und Lukas gehen spazieren.	2 — Plötzlich stellt Fiona Lukas ein Bein. / Plötzlich stolpert Lukas über einen Stein.
3 — Er fällt hin und lacht. / Er fällt hin und weint.	4 — Fiona tröstet Lukas. / Fiona lacht Lukas aus.

1. Zu jedem Bild auf Seite 56 passt ein Satz.
2. Schreibe die Geschichte richtig ab.
   ODER Schreibe die Geschichte mit eigenen Worten.

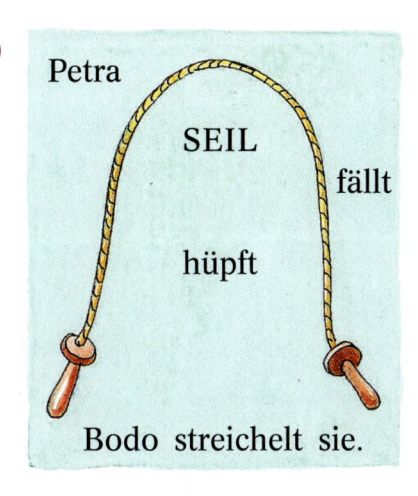

🇬🇧 friend
🇫🇷 ami
🇹🇷 arkadaş

Kasten 1: Petra — SEIL — fällt — hüpft — Bodo streichelt sie.

Kasten 2: Naomi — BAUM — hat Angst — steigt auf — Anna hilft ihr.

3. In jedem Kasten ist eine Geschichte versteckt.
4. Spielt, wie Bodo tröstet.
   Spielt, wie Anna hilft.
5. Suche dir eine Geschichte aus und schreibe sie auf.
   • Suche eine Überschrift.
   • Achte auf die Tipps auf Seite 98 – 103.

Seite 86   Seite 98 – 103
Sätze Bildern zuordnen, Geschichten erzählen und schreiben

"Du hast mir ein Bein gestellt!"

"Nein, habe ich nicht!"

1. Sieh dir das Bild an. Was ist geschehen? Wie fühlen sich die Kinder?

2. Die beiden möchten sich wieder vertragen. Was können sie sagen? Spielt es vor.

Pinnwand der Klasse 2b

Noah und ich haben uns in der Pause gestritten. Ich habe mich bei ihm entschuldigt. Jetzt sind wir wieder Freunde.

Sören

Wir wollen einen Computer-Club gründen. Wer macht noch mit?
Jana und Flori

Finn und ich haben zusammen für Mathematik geübt. Das war gut.

Lina

3. Worüber schreiben die Kinder?

4. Richtet im Klassenzimmer eine Pinnwand ein. Schreibt Zettel für eure Pinnwand.

St
Sp

.. uhl	.. iegel	.. raße	.. iel	.. adt
.. iefel	.. ern	.. inne	.. ein	.. aß

1. Sprich die Wörter. Setze **Sp** oder **St** ein.
   ➡ der Stuhl, …

2. Ordne die Wörter nach **Sp** oder **St**.

> spielen   steigt   streiten
> stolpert   springen   streitet   springt
> stehen   stolpern   spielt   steigen   steht

3. spielen – er spielt, …

Kinderfest

Heute ist Kinderfest in der . Viele Leute kommen. Die sind für Autos gesperrt. Überall stehen Buden und es gibt für Kinder. Alle freuen sich. Es macht viel .

4. Schreibe den Text ab und setze Wörter aus Aufgabe 2 ein. Denke an die vier Schritte.

Seite 86 und 88   Seite 124
Nomen und Verben mit St/st und Sp/sp, Übungstext

● Kunststück für Könner

■ Der Pfannkuchen bleibt an der Decke hängen. Kater Konstantin lacht.

▲ Plötzlich fällt der Pfannkuchen herunter und landet auf dem Kopf von Konstantin.

● Lila backt einen Pfannkuchen. Sie will ihn umdrehen und wirft ihn in die Luft.

1. Ordne die Texte zu.
2. Erzählt abwechselnd zu den Bildern.

Texte Bildern zuordnen, zu einer Bildfolge erzählen

Ätsch, nicht geschafft!

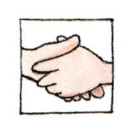

Ach du grüne Neune!

Schreck lass nach!

Armer Kater!

Ob das wohl klappt?

Siehst du, so geht das.

1   2   3

1. Wer könnte das sagen oder denken?
2. Spielt die Geschichte.
3. Erzähle die Geschichte mit eigenen Worten.
   ODER   Zeichne die Geschichte als Comic.

4. Was kannst du besonders gut? Erzähle.

zu Bildern mündlich und schriftlich erzählen, spielen und schreiben

Mitlaute und Selbstlaute

A	a
B	b
C	c
D	d
E	e
F	f
G	g
H	h
I	i
J	j
K	k
L	l
M	m
N	n
O	o
P	p
Qu	qu
R	r
S	s
T	t
U	u
V	v
W	w
X	x
Y	y
Z	z

🟠 Was Freunde alles können

zuhören und sich helfen
rechnen und zusammen basteln
singen und zusammen lachen

1. Was könnt ihr besonders gut?

2. Schreibe die drei Zeilen ab.
Fahre alle Selbstlaute rot nach.

🟣 Was Freunde auch noch können

m■l■n ■nd ■nd■r■ tr■st■n
t■rn■n ■nd z■s■mm■n t■nz■n

3. Wer kann diese beiden Zeilen lesen?
Es stehen nur noch die Mitlaute da.
Setze die Selbstlaute ein.

🟢
klettern   rennen
basteln   backen   tanzen
schwimmen   lachen

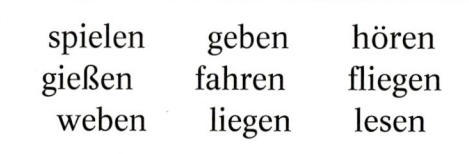

spielen   geben   hören
gießen   fahren   fliegen
weben   liegen   lesen

4. Sprich deutlich den kurzen und langen Selbstlaut.
Mache Bewegungen dazu.

5. Meine Freunde und ich

Seite 112   Seite 120
Selbstlaute und Mitlaute unterscheiden, lange und kurze Selbstlaute

schnell
hoch
gut
flink

Anna und Tim schwimmen
Forelle

Lasse und Merve
Affe
klettern

1. Was die Tiere können, können die Kinder auch.
   ✏ Die Forelle kann schnell schwimmen.
   Anna und Tim können auch … .

2. Setze unter alle kurzen Selbstlaute einen Punkt.
   ✏ Forelle, kann, …

Nach einem kurzen Selbstlaut schreibe ich meistens zwei Mitlaute.

Suppe	Mutter	Kanne	
Teller	Tanne	Tasse	Butter
Puppe	Klasse	Keller	

3. Sprich die Wörter deutlich.
   Achte auf den kurzen Selbstlaut.

4. Setze unter den kurzen Selbstlaut einen Punkt.
   ✏ die Suppe, die …

5. Suche in der Wörterliste (Seite 130 – 135)
   Wörter mit **ff, ll, mm, nn, pp, ss, tt**. ✏

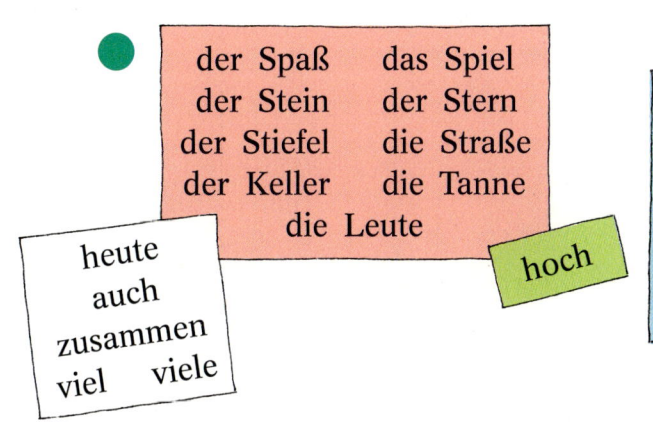

der Spaß   das Spiel
der Stein   der Stern
der Stiefel die Straße
der Keller die Tanne
            die Leute

heute
auch
zusammen
viel   viele

hoch

hören   lachen
springen rennen
können   er kann
fallen   sie fällt
stehen   er steht
geben   es gibt

➡ Seite 90   ➡ Seite 112
Sätze bilden, Wörter mit doppeltem Mitlaut, Übungswörter

Ostern

Happy Easter!

Joyeuses Pâques!

Buona Pasqua!

Frohe Ostern
von Sebastian

Der liebe gute Osterhas',
- 2 -

der spielt mit uns Verstecken.
- 3 -

Er legt etwas ins grüne Gras,
- 4 -

da kriegt es bunte Flecken.
- 5 -

1. Sebastian hat ein Osterbuch gebastelt. So kannst du ein eigenes Osterbuch herstellen:
   - Schneide ein Ei aus Karton aus.
   - Zeichne damit sechsmal die Eiform auf und schneide sie aus.
   - Schreibe das Gedicht darauf.
   - Lege die Blätter aufeinander und hefte sie zusammen.
   - Male die Vorderseite und die Rückseite als Osterei an.

| rot | gelb | orange | blau | lila | grün | braun |

2. Mit welchen Farben hat Sebastian sein Ei angemalt?
   rot, ...

Seite 126
selbst ein Buch herstellen, Adjektive für Farben

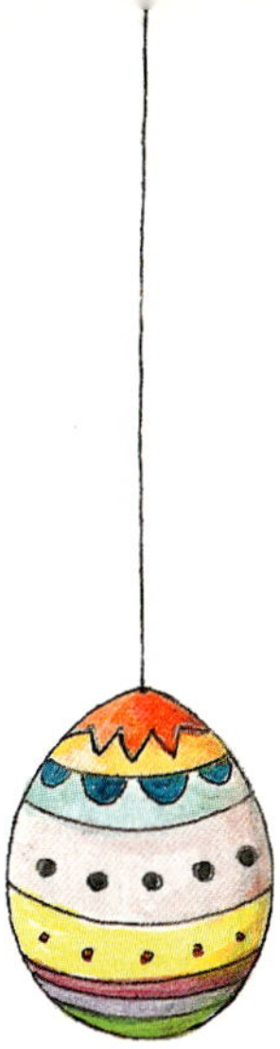

●
Eier		blasen
Eier		malen
Streichholz		brechen
Faden		schneiden
Faden		binden
	ins Ei stecken	
Zweige		schneiden
	in eine Vase stellen	
Eier		hängen

1. Schreibe die Bastelanleitung auf. Setze dabei die Wortbausteine an , ab , aus , auf ein.

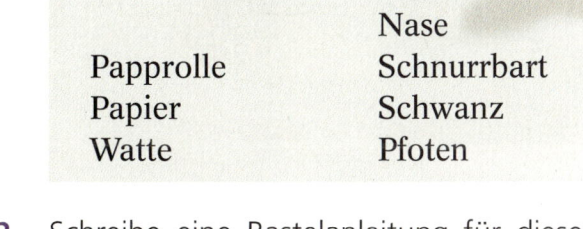

●

	Augen	
	Ohren	
	Nase	ankleben
Papprolle	Schnurrbart	ausschneiden
Papier	Schwanz	anmalen
Watte	Pfoten	aufmalen

2. Schreibe eine Bastelanleitung für diesen Hasen.
   Osterhase
   Das brauche ich: ...
   Das muss ich tun:
   1. Papprolle anmalen, ...

Seite 104   Seite 124
eine Bastelanleitung aufschreiben, Wortbausteine an-, ab-, aus-, auf-

rot
gelb
blau
grün
weiß

1. Viele Eier sind im Nest.
   Im Nest sind ... blaue Eier, ...

Ostereier suchen
Die Kinder spielen im Garten.
Sie haben Nester, Eier und Geschenke versteckt.
Hanna zählt aus: „Eins, zwei, drei, vier - suchen!"
Benjamin entdeckt viele Eier hinter den Steinen.
Die anderen Kinder suchen weiter.
Sie finden ein schönes kleines Geschenk.
Was haben sie wohl gefunden? Ein Spiel.

2. Suche alle Wörter mit **Ei/ei** heraus.

3. Du kannst den Text mit 🥚 und 🥚 schreiben.

au ei eu
sind zwei Laute:
Zwielaute

B**au**m	w**ei**ch	Fr**eu**nde	br**au**chen
neu	eins	neun	bauen	hinein
Flaschengeist	leise	weiß	schreien
Leute	heraus	freuen	heute
zwei	laufen	drei	Feuer	draußen

4. Klicke mit der Maus nacheinander
   alle Wörter mit **au**, **ei** und **eu** an.
   au: der B<u>au</u>m, ...

5. Suche alle Verben heraus.
   brauchen – er braucht, ...

Seite 86   Seite 120
Adjektive für Farben, Übungstext, Doppellaute

one
two
three

uno
due
tre

un
deux
trois

bir
iki
üc

● Das Zwölf-Hölzchen-Spiel

Ich sehe vier Hölzchen. Versteckt hast du acht.

eins
zwei
drei
vier
fünf
sechs
sieben
acht
neun
zehn
elf
zwölf

1. Spielt das Zwölf-Hölzchen-Spiel.
   Spielt es auch in anderen Sprachen.

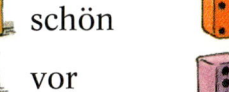

● holen    schön    dir
  schwer  vor    mir 

2. Würfle.
   Schreibe einen Satz mit dem Wort auf.

Lauter verwandte Wörter.

●
    der Feierabend   die Feier
  feierlich   sich anfreunden
  freundlich   der Freund   feiern   der Feiertag
    die Freundin   die Freundschaft

3. Suche die verwandten Wörter.
   der Freund: freundlich, ...
   feiern: ...

4. Suche verwandte Wörter zu: malen, fahren, schreiben.

Seite 88
Zahlwörter, Wörter mit langem Selbstlaut, Wortfamilien

67

1. Was wisst ihr über den Igel? Sprecht darüber.

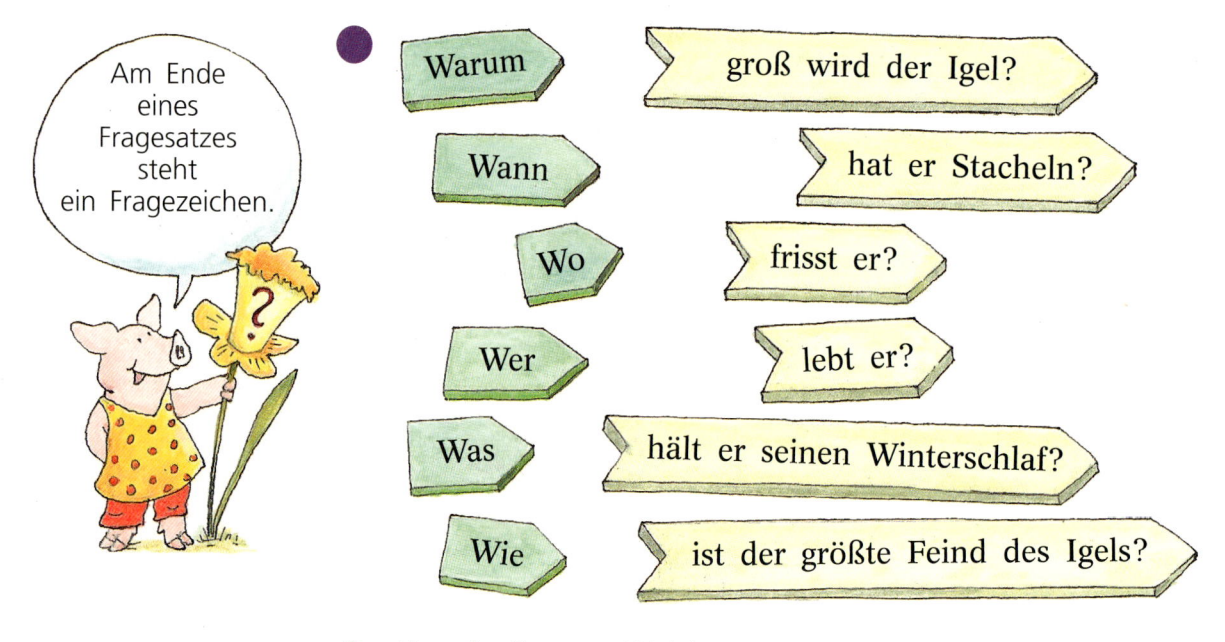

Am Ende eines Fragesatzes steht ein Fragezeichen.

Warum	groß wird der Igel?
Wann	hat er Stacheln?
Wo	frisst er?
Wer	lebt er?
Was	hält er seinen Winterschlaf?
Wie	ist der größte Feind des Igels?

2. Lies die Fragen. Welches Fragewort passt? Ordne zu.

3. Versuche, die Fragen zu beantworten. Hilfe findest du in Büchern, Zeitschriften oder im Internet: www.kinder-tierlexikon.de.

4. Du bist jetzt ein Igel-Experte. Berichte deiner Freundin oder deinem Freund, was du über Igel weißt.

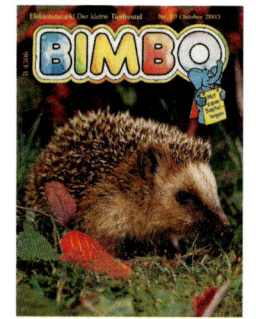

halten
Strauch
lassen
schlafen
Blatt
laufen

🟠 In unserem Garten lebt ein Igel.
Am Tag ▪ er sich nicht blicken.
Er schläft dann unter einem ▪haufen.
Wenn es dunkel wird, kommt er hervor.
Er ▪ über unseren Rasen
zu den ▪ .
Dort sucht er nach Früchten
und frisst Raupen und andere
kleine Tiere.
Im Winter ▪ er Winter▪ .

Aus a wird ä, aus au wird äu.

1. Lies den Text
und ergänze die fehlenden Wörter.
Beachte: Du musst die Wörter verändern.

2. Schreibe den Text ab. Beachte dabei Josis Tipp. ✏️

🟣
die Hand	fallen	tragen	das Haus
die Hände	sie fällt	die Häuser	die Gärten
der Garten	der Mantel	er trägt	die Mäntel

3. Wende Josis Tipp auch für diese Wörter an.
✏️ die Hand – die Hände, ...

4. Suche zusammengesetzte Nomen zu:
Hand, Garten, Mantel, Haus.
✏️ der Handschuh, das Handtuch, ...

🟢
gelb   grün   weiß
schön   schwer
eins   zwei   drei   vier
fünf   sechs   sieben
acht   neun   zehn
elf   zwölf

dir   mir
hinein   heraus
heute   vor
wann   warum   was
wer   wie   wo

holen

das Ei   die Eier
der Garten

Seite 86 und 90   Seite 114
Wörter mit ä und äu ableiten, zusammengesetzte Nomen, Übungswörter   **69**

Hexen, Detektive und Co.

1. Kennst du diese Figuren? Erzähle.
2. Bringt Bücher, Hörkassetten und CD-ROMs mit. Stellt sie vor.
3. Gestaltet einen Büchertisch im Klassenzimmer.

Das ist Lilli. Sie ist ungefähr so alt wie du und sieht aus wie ein gewöhnliches Kind. Das ist sie eigentlich auch, aber doch nicht ganz. Lilli besitzt nämlich etwas, was nicht jeder hat: ein Hexenbuch!
Eines Morgens fand Lilli das Hexenbuch neben ihrem Bett. ...

4. Wie ist das Hexenbuch wohl neben Lillis Bett gekommen? Überlegt gemeinsam.
5. Was könnte Lilli mit dem Hexenbuch erleben?

Seite 98
zu Büchern und Kinderbuchfiguren erzählen, eine Geschichte erfinden

● Lilli hat niemandem von ihrem Hexenbuch erzählt.
Sie ist ja eine echte Geheimhexe.
Geheimhexen hexen im Geheimen,
und das soll auch so bleiben!
Vor einiger Zeit hat sich Lilli
von ihrem Taschengeld
einen Detektivkasten gekauft.
Jeden Tag spielt sie Detektivin.
Da entdeckt Lilli, dass jemand
von ihrer Schokolade genascht hat.
Ob das ihr kleiner Bruder Leon war?
Das ist ein Fall für Lilli, die Detektivin.

„Hände hoch! Und keine Bewegung!",
ruft Lilli. Sie hat sich von hinten
an Leon herangeschlichen.
„Ich habe dich erwischt!"
Leon guckt erstaunt und ruft: „Wieso?"
Lilli zieht eine Lupe aus ihrer Hosentasche
und sagt: „Los, Mund aufmachen!
Weit aufsperren!"
„As is a ier als ei A-a!", sagt Leon.
„Was sagst du?", fragt Lilli.
Leon wiederholt: „Das ist ja schlimmer
als beim Zahnarzt. Die Zähne habe ich mir
übrigens geputzt, weil ..."
Lilli überlegt. Da hat sie plötzlich eine Idee.
Lilli stürmt aus dem Zimmer.
Sie kommt mit der angebissenen Schokolade
und mit einem Klumpen Knetmasse zurück.
Sie streckt Leon die Knete entgegen und befiehlt:
„Da reinbeißen, aber nicht runterschlucken!"

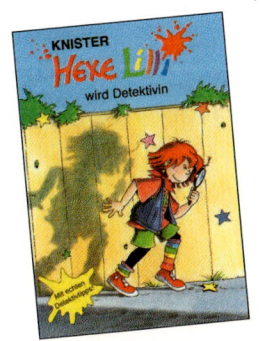

1. Wie löst Lilli den Fall? Überlegt gemeinsam.

2. Spielt eure Lösung vor.

3. Ihr könnt mit Lilli noch weitere Fälle lösen.
Lest dazu im Buch **Hexe Lilli wird Detektivin** nach.

● Ihr könnt den Text von Seite 71 spielen.
Überlegt:

Wer spielt Leon?
Wer spielt Lilli?

Woher bekommt ihr Requisiten?

Wer übernimmt die Rolle des Erzählers?

Möchtet ihr jemanden einladen?

Braucht ihr Musik?

Wer begrüßt das Publikum und sagt das Stück an?

1. Wer übernimmt welche Aufgabe?

pantaloni

pantalon

pantalón

Lilli
ihr   ihre

Räuber Hotzenplotz
sein   seine

Das ist ■ T-Shirt.   Das ist ■ Hut.
Das ist ■ Hose.   Das ist ■ Hemd.
Das sind ■ Schuhe. Das ist ■ Feder.

2. Wem gehört diese Kleidung?

3. Schreibe die Sätze ab.
Setze **ihr**, **ihre**, **sein**, **seine** ein.

Seite 118
ein szenisches Spiel planen, Pronomen ihr/ihre und sein/seine

● Zaubertinte für Detektive

Saft ausgießen

Zwiebel und Zitrone aufschneiden

Zwiebeltropfen dazugeben

in ein Tintenfass abfüllen

Zitrone auspressen

1. Sieh dir jedes Bild genau an. Was brauchst du?
   Was musst du nacheinander tun?

2. Ordne zu.
   ✏ 1 Zwiebel und Zitrone aufschneiden, …

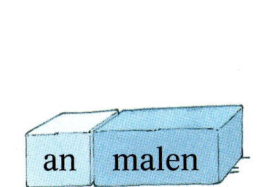

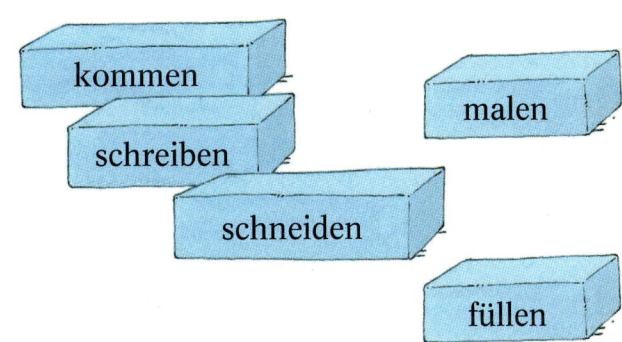

●

ab, an, auf, aus

kommen, schreiben, schneiden, malen, füllen

an malen

3. Was passt?
   ✏ anmalen, …

4. Bilde mit den Wörtern Sätze. ✏

   ODER Suche weitere Verben mit
   auf , aus , ab , an . ✏

→ Seite 104   → Seite 124
eine Handlungsanleitung schreiben, Wortbausteine an-, ab-, aus-, auf-

73

Geheimschrift für Detektive

Lilli hat eine geheime Botschaft in dem Text versteckt. Sie hat unter bestimmte Buchstaben mit einer Nadel Löcher gestochen. Tipp: Das erste Wort beginnt mit **l**.

> **Das Geheimnis des Knoblauchs**
> Knoblauch soll nicht nur Vampire vertreiben und vor bösen Geistern schützen. Er soll sogar ein biblisches Alter ermöglichen. Alles Aberglaube? – Irgend etwas muss am Knoblauch dran sein. 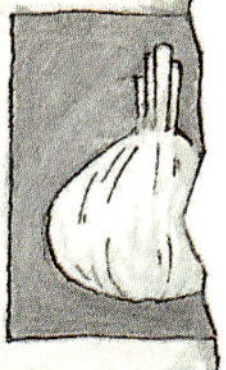
>
> Viele Menschen vertrauen heute auf die Wirkungen des Knoblauchs als Vorbeu- | 120 Jahren die älteste Frau der Welt führt ihre Gesundheit u.a. auf Sport, Olivenöl und Kno-

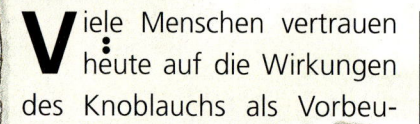

1. Kannst du die Botschaft lesen? 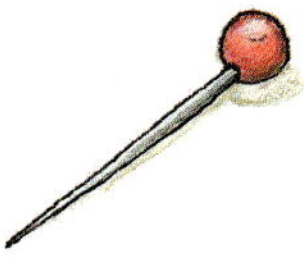
2. Denke dir eine eigene Botschaft aus.

   ODER   Schreibe eine Botschaft in einer anderen Geheimschrift.

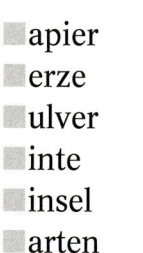

▇apier
▇erze
▇ulver
▇inte
▇insel
▇arten
▇üten
▇aschenlampe

3. Was hat Lilli in ihrem Detektivkasten?

4. Welche Gegenstände fangen mit **P**, **K** oder **T** an? Sprich die Wörter deutlich und achte auf den Luftstrom.

5. Wörter mit **P**: das Papier, ...
   Wörter mit **K**: ...
   Wörter mit **T**: ...

Seite 110
Geheimschrift lesen und schreiben, Wörter mit P, K, T

Lilli ist ein besonderes Kind, denn sie ist eine Hexe.
Ihr kleiner Bruder heißt Leon. Lilli hat ihn lieb.
Lilli trägt eine grüne Hose und ein rotes Hemd.
Ihre Haare sind auch rot.
Lilli findet unter ihrem Bett ein Hexenbuch.
Was steht in dem Buch?

1. Übt diesen Text als Partnerdiktat.

Partnerdiktat

- Wir lesen den Text zuerst durch.
- Ich diktiere dir deutlich zuerst den ganzen Satz, dann jeden Teil.
- Ich sage stopp, wenn du einen Fehler machst.
- Ich gebe Hilfen, wenn du mich fragst.
- Wir überprüfen gemeinsam.

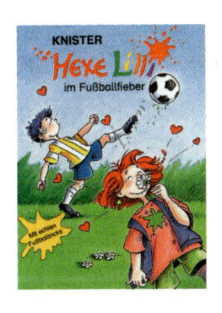

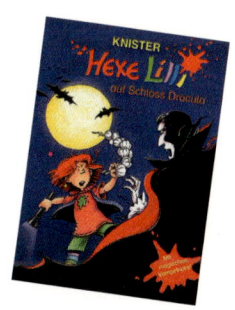

2. Weitere Geschichten von Lilli könnt ihr in den Büchern von KNISTER nachlesen.

3. Möchet ihr etwas über KNISTER erfahren? Dann schaut im Internet nach: www.KNISTER.de.

---

das Hemd   die Hose
der Schuh   die Schuhe
die Hexe

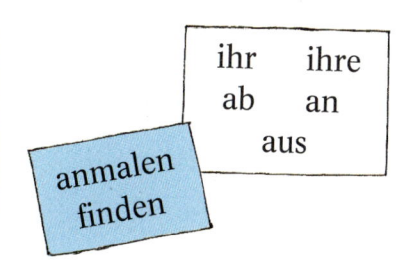

ihr   ihre
ab   an
aus

anmalen
finden

Meine Familie

family

famille

famiglia

aile

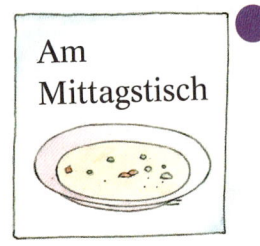

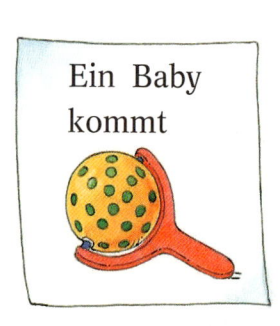

1. Jede Familie ist anders.
   Wie sieht deine Familie aus?

2. Erfindet in Gruppen eine Familie.
   Jeder bastelt dazu eine Stabfigur.

Am Mittagstisch

Ein Baby kommt

aufräumen und abspülen

Kleidung kaufen

3. Spielt mit den Figuren Gespräche.

4. Schreibe zu deiner Figur einen Tagesablauf.
   ✏ Morgens stehe ich um 7 Uhr auf. ...

   ODER
   Stelle deine Figur vor.
   ✏ Ich heiße ...

➡ Seite 98
Gespräche führen, zu einer Figur schreiben

Kleckre doch nicht so viel!

Steck deine Wäsche bitte in den Wäschesack!

Heute musst du den Tisch abdecken!

Räum bitte dein Zimmer auf!

Bring mir bitte deine Brotdose zum Spülen!

Vergiss deinen Turnbeutel nicht!

Hilf mir abtrocknen!

Nach einem Aufforderungssatz steht ein Ausrufezeichen.

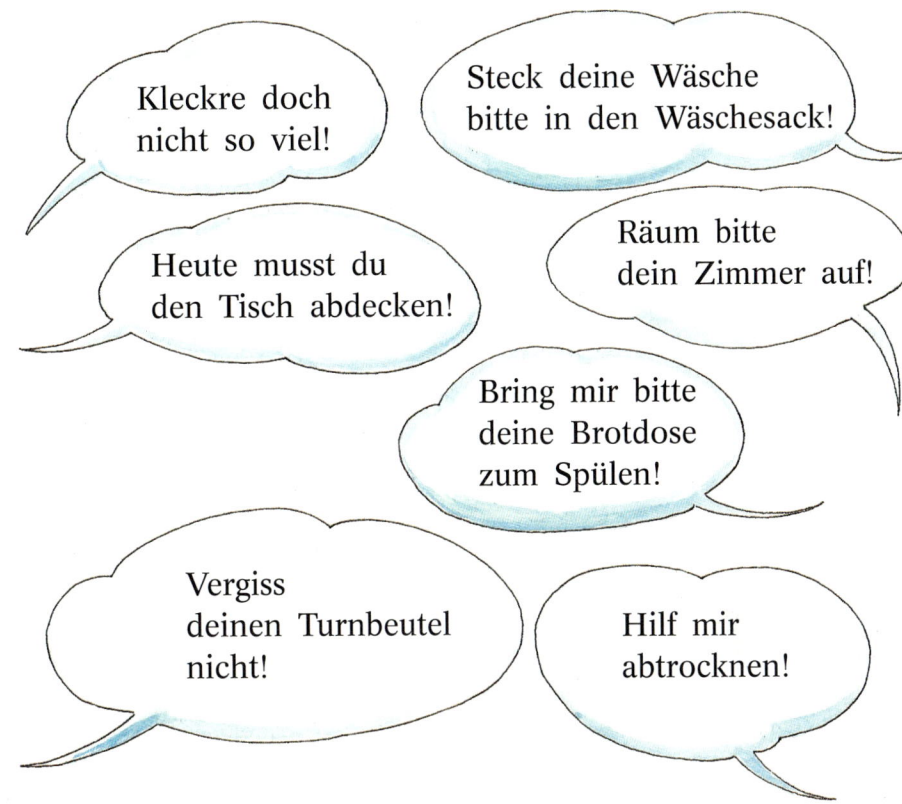

1. Viele Aufforderungen!
   Kennst du das?
   Was hörst du besonders oft?

trink   essen   geben   gehen
hilf   trinken   geh   fahr
fahren   iss   helfen   gib

2. Schreibt die Karten.
   Spielt damit ein Merkspiel.

   essen   iss

3. Schreibe eigene Aufforderungssätze.
   Iss langsam!

baby

bébé

bambino

Unser Ron ist da.
★ 4. Mai

Wir freuen uns sehr.
Sandra und Jan Fischer
mit Tabea

Gewicht: 3750 Gramm
Größe: 51 cm

Wie groß ist Ron? Wie viel wiegt Ron?
Was isst Ron? Wann ist Ron geboren?

1. Lest die Fragen. Achtet auf eure Stimme.

2. Zu einigen Fragen findest du
   in der Geburtsanzeige eine Antwort.

3. Bringt Geburtsanzeigen mit und vergleicht sie.

Als ich noch klein war,
war ich manchmal laut.
Und ich habe öfter auch mal
einen Teller runtergeworfen.

Tillmann

Als ich klein war …

4. Was weißt du über dich als Baby?
   Erzähle.

5. Befrage jemanden, der dich als Baby kannte.
   Schreibe etwas über dich auf.

6. Stellt ein Baby-Buch von eurer Klasse her.

Seite 98–103   Seite 128
Fragen stellen, Informationen einholen, Texte schreiben und veröffentlichen

Arm
Kopf
Bauch
Auge
Nase
Finger
Fuß
Mund
Ohr
Hand

Äuglein   Fingerchen
Näschen   Füßchen
Öhrchen   Köpfchen
Händchen   Ärmchen
Mündchen   Bäuchlein

1. Lies und zeige.

2. Bilde Wortpaare.
   Manchmal verändert sich der Selbstlaut.
   der Arm – das Ärmchen …

Januar
Februar
März
April
Mai
Juni
Juli
August
September
Oktober
November
Dezember

ärz   ai   ni   li
vem   gust   to   bru
Sept   zem   nuar   pril

3. Welche Monate passen zu den Wortkarten?
4. Wann hast du Geburtstag?
   Nenne ein passendes Kärtchen.
   Wer errät den richtigen Monat?

Im ▢ sind die Äpfel reif.
Im ▢ verkleiden wir uns.
Im ▢ macht das Wetter, was es will.
Im ▢ gibt es oft Nebel.
Im ▢ freuen wir uns auf Weihnachten.

5. Welche Monate passen?

Seite 118
Nomen für Körperteile, Verkleinerungsformen, Monatsnamen

Freunde — Geburtstag — einladen
... — ...

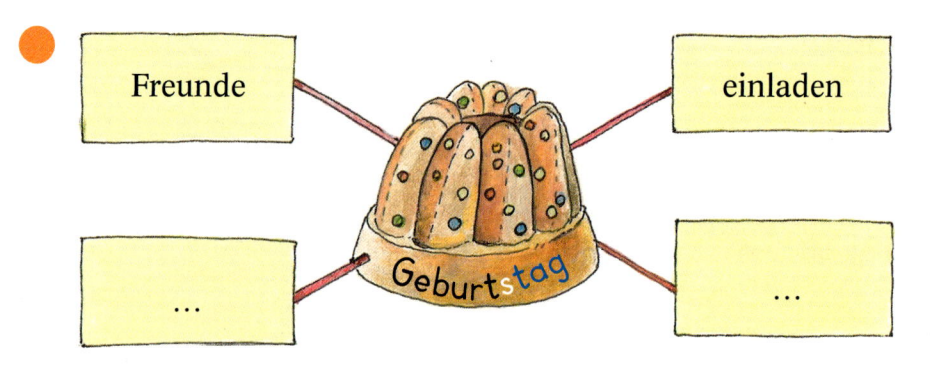

1. Was fällt euch zu **Geburtstag** ein?
2. Erzählt, wie ihr euren Geburtstag feiern möchtet.
3. Schreibe das Wort **Geburtstag** dreimal in drei verschiedenen Farben.
   Geburstag, ...

Lieber Tim,
ich lade dich zu meinem Geburtstag am 12. Juli um 16 Uhr ein.
Dein Sven

Es gibt tolle Indianerspiele! Bitte verkleiden!

Liebe(r) Uta,
ich lade dich zu meinem Geburtstag am 16. Juni um 15 Uhr ein.

Dein(e) Martina

4. Welche Einladung gefällt dir besonders gut? Begründe.
5. Was soll auf deiner Einladung stehen? Schreibe Stichpunkte auf.
6. Schreibe eine Einladung zu deinem Geburtstag und gestalte sie.

Seite 107
erzählen, Wörter sammeln, eine Einladung schreiben

game

jeu

oyun

● | Spiele für gutes Wetter | Spiele für schlechtes Wetter |
  | Verstecken | Versteinern |

1. Welche Spiele könnt ihr an deinem Geburtstag spielen? Erkläre sie.

2. Sammle weitere Spielideen und trage sie in eine Tabelle ein.

Spiele für gutes Wetter	Spiele für schlechtes Wetter
Schnitzeljagd	...

● Die Kinder wollen Versteinern spielen.
Dazu haben sie diese Wortkarten geschrieben.

hüpfen   krabbeln   gehen   rennen   hinken
balancieren   schlendern   schleichen
trampeln   laufen   torkeln   humpeln   kriechen

Viele verschiedene Wörter für gehen.

Alle stehen still im Raum.
Die Spielleiterin zeigt eine Wortkarte: **schleichen**
Jetzt müssen alle schleichen.
Niemand darf einen anderen berühren.
Klatscht die Spielleiterin in die Hände,
bleiben alle wie versteinert stehen.
Wer sich bewegt,
zeigt die nächste Wortkarte.

3. Spielt das Spiel **Versteinern**.

ein Spiel erklären, Spielideen sammeln, Wortfeld gehen

Die Kinder spielen auf der Wiese.
Steffi ▪ mit Kai zum Haus.
Kai ▪ hinter Steffi her.
Anna ▪ auf einem Bein.
Kemal ▪ hinter den Baum.
Patrick und Simone ▪ sich an wie Indianer.
Die Kinder haben viel Spaß.

1. Setze passende Verben von Seite 81 ein.

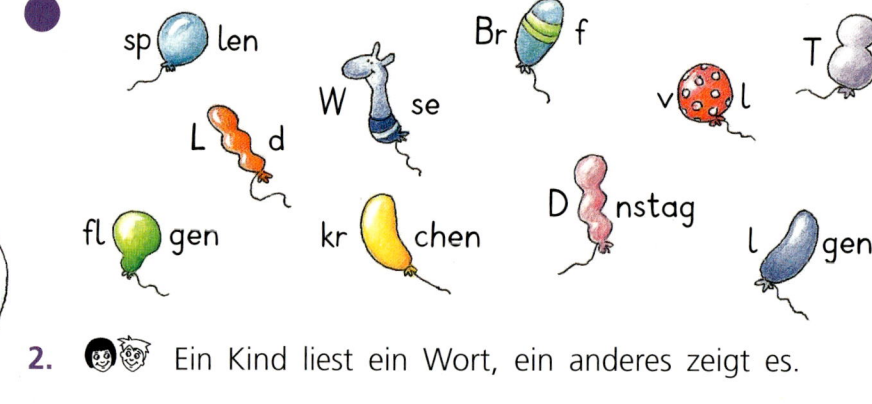

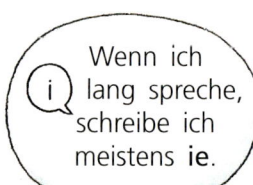

sp○len   Br○f   T○r
   W○se   v○l
L○d
fl○gen   kr○chen   D○nstag   l○gen

Wenn ich i lang spreche, schreibe ich meistens ie.

2. 👦👧 Ein Kind liest ein Wort, ein anderes zeigt es.

3. Schreibe die Wörter auf.
   Unterstreiche den langen Selbstlaut.
   spi̲elen, …

4. Bilde mit den Wörtern Sätze.

   ODER Wähle einige Wörter aus
   und schreibe mit ihnen eine Geschichte.

1. Betrachtet das Bild und erzählt.

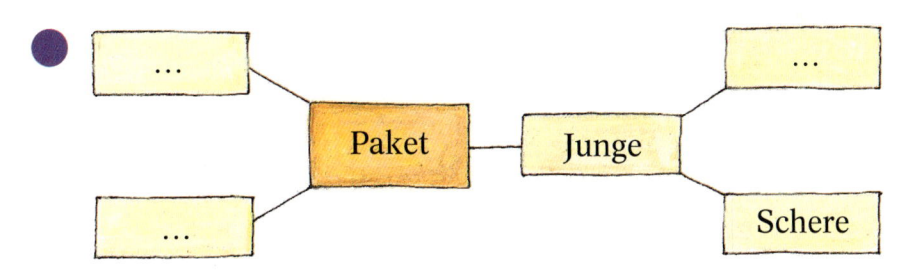

```
   ...                          ...
      \                        /
       Paket ——— Junge
      /                        \
   ...                          Schere
```

2. Sammelt Wörter für ein Wörternetz.

3. Wähle einige Wörter aus
   und schreibe mit ihnen eine Geschichte.

essen	iss
fahren	fahr
gehen	geh
trinken	trink
laufen	sie läuft
liegen	er liegt

der Arm   der Bauch   der Finger
der Fuß   die Füße
der Kopf   der Mund   das Ohr
der Brief   der Geburtstag
Januar   Februar   März   April
Mai   Juni   Juli   August
September   Oktober
November   Dezember

Seite 90   Seite 98–103
zu einem Bild erzählen, eine Geschichte schreiben, Übungswörter

Das Lern-Mobile

Arbeitstechniken

Wörter richtig abschreiben	86
Wörter richtig aufschreiben	88
Übungswörter sammeln	90
Im Wörterbuch nachschlagen	94
Am Computer schreiben	96

Texte schreiben

Eine Geschichte schreiben: In der richtigen Reihenfolge schreiben	98
Eine Geschichte schreiben: Unterschiedliche Satzanfänge verwenden	100
Eine Geschichte schreiben: Genauer beschreiben	102
Eine Handlungsanleitung schreiben	104
Eine Postkarte schreiben	106
Eine Einladung schreiben	107

Richtig schreiben

Wörter in Silben gliedern	108
Wörter deutlich sprechen	110
Lange und kurze Selbstlaute unterscheiden	112
Wörter mit ä und äu schreiben	114
Wörter mit b, d, g am Ende schreiben	116
Merkwörter schreiben	118

Sprache untersuchen

Buchstaben und Silben	120
Nomen (Namenwörter)	122
Verben (Tunwörter)	124
Adjektive (Wiewörter)	126
Sätze	128

Wörter richtig abschreiben

Beim Abschreiben musst du vier Schritte beachten.
Präge sie dir gut ein.

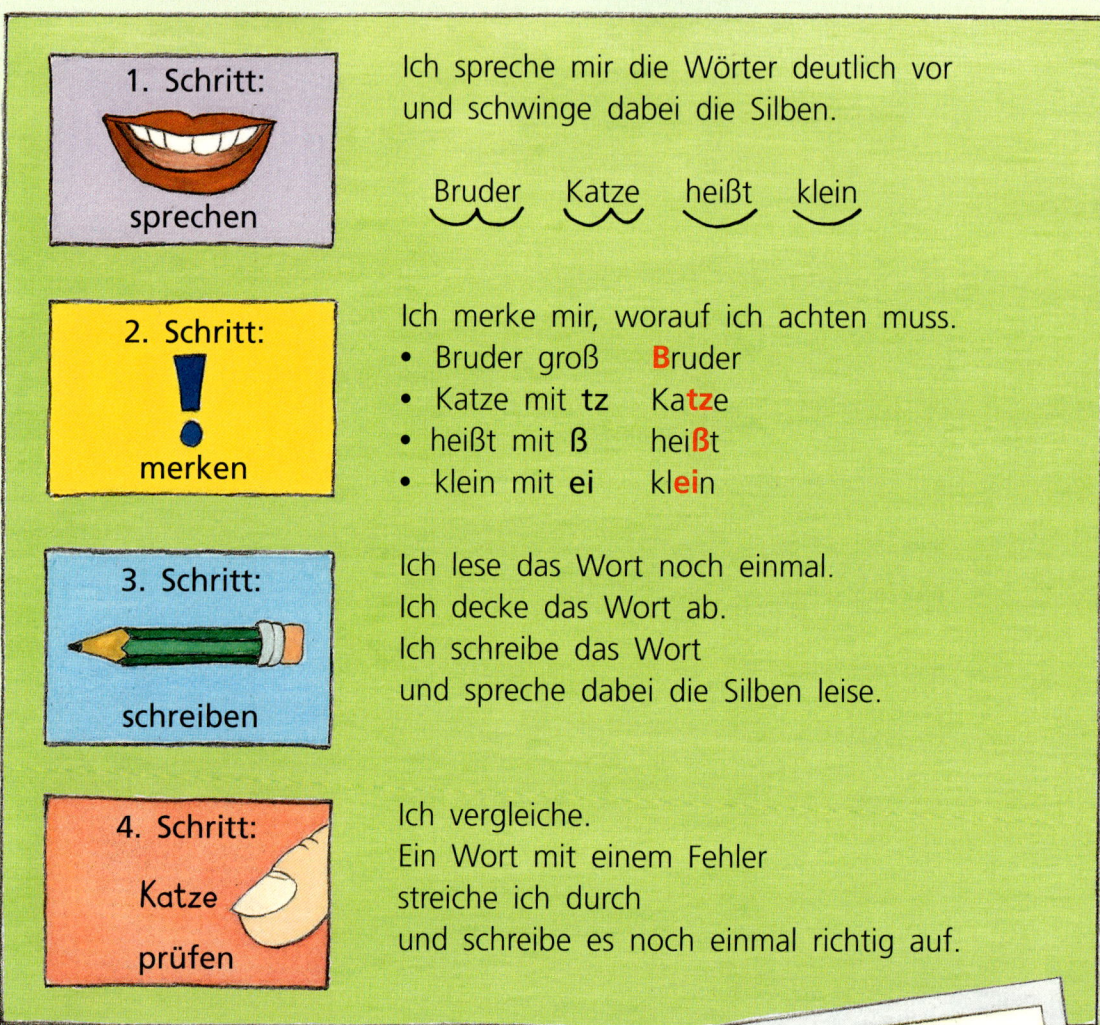

der Bruder   die Katze   heißt   klein

1. Schritt: sprechen

Ich spreche mir die Wörter deutlich vor und schwinge dabei die Silben.

Bruder   Katze   heißt   klein

2. Schritt: merken

Ich merke mir, worauf ich achten muss.
- Bruder groß   **B**ruder
- Katze mit **tz**   Ka**tz**e
- heißt mit **ß**   hei**ß**t
- klein mit **ei**   kl**ei**n

3. Schritt: schreiben

Ich lese das Wort noch einmal.
Ich decke das Wort ab.
Ich schreibe das Wort
und spreche dabei die Silben leise.

4. Schritt: prüfen

Katze

Ich vergleiche.
Ein Wort mit einem Fehler
streiche ich durch
und schreibe es noch einmal richtig auf.

Die Abdeckkarte hilft dir beim Lesen, Abschreiben und Überprüfen. Schiebe sie entlang der Wörter, die du schreibst.

Meine Katze ist

Übungen

Denke dabei an die vier Schritte!

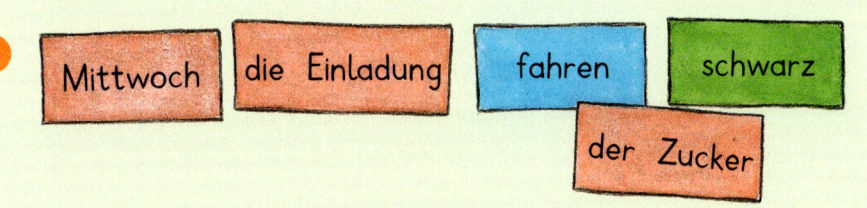

Mittwoch   die Einladung   fahren   schwarz   der Zucker

1. Schreibe fünf deiner Übungswörter auf Kärtchen. Übe sie als Dosendiktat.

Dosendiktat

- Nimm ein Kärtchen und lies das Wort.
- Merke dir schwierige Stellen.
- Stecke das Kärtchen in die Dose.
- Schreibe das Wort auf.
- So machst du es mit allen Kärtchen.
- Vergleiche am Schluss deine Wörter im Heft mit den Kärtchen aus der Dose.

Wir gehen in die Bücherei.
Alle suchen sich Bücher aus.
Lukas möchte Geschichten lesen.
Hanna mag nur Bilderbücher.
Katja liest gerne Krimis.
Lesen macht Spaß!

2. Schreibe den Text als Schleichdiktat.

Schleichdiktat

- Lege den Text weit weg.
- Lies dort den ersten Satz.
- Schleiche an deinen Platz und schreibe den Satz auf.
- Mache es ebenso mit den anderen Sätzen.
- Überprüfe.

Wörter richtig aufschreiben

Manchmal bist du nicht sicher, wie man ein Wort schreibt. Beim Aufschreiben helfen dir diese vier Schritte.

Sonne?

1. Schritt: sprechen	Ich spreche mir das Wort deutlich vor. Ich spreche es noch einmal in Silben.	Sonne
2. Schritt: überlegen	Ich überlege: Ist es ein Nomen (Namenwort) – ein Wort für Menschen, Tiere, Pflanzen, Dinge? Hat es einen Artikel (Begleiter)?	die Sonne
3. Schritt: schreiben	Ich schreibe das Wort auf und spreche leise dazu. Worauf muss ich achten?	So**nn**e
4. Schritt: prüfen	Ich lese das Wort und überprüfe es.	

So kannst du manchmal die richtige Schreibweise herausfinden:
- Verlängere das Wort: viele **Hund**e – ein **Hund**, also mit **d**.
- Suche ein verwandtes Wort: die **M**a**us** – die **M**äu**se**, also mit **äu**.

Übungen

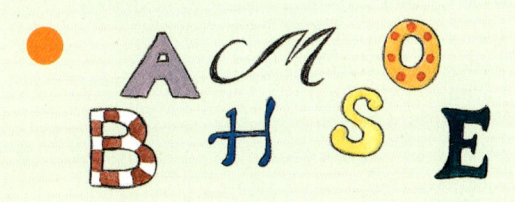

1. Male einen der Buchstaben ganz groß auf ein Blatt.
2. Schreibe viele Wörter, die mit diesem Buchstaben beginnen, auf.
   Denke an die vier Schritte.

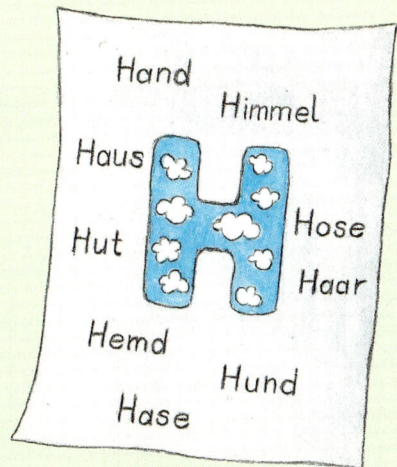

3. Wie sind Josi und Josine angezogen?
   Josi: gelbe Hose, …
4. Schreibe auf, wie du angezogen bist.
   Denke an die vier Schritte.
5. Mischt eure Beschreibungen. Lest sie der Reihe nach vor. Welches Kind ist das?

6. Bastelt ein Bild-Wort-Memory:
   Malt Bilder von Tieren oder Dingen auf Kärtchen.
   Schreibt die Wörter dazu auf andere Kärtchen.
   Denkt an die vier Schritte.
   Überprüft mit der Wörterliste.

Übungswörter sammeln

Deine Übungswörter kannst du in einem Wörterkasten oder in einem Abc-Heft sammeln und damit üben.

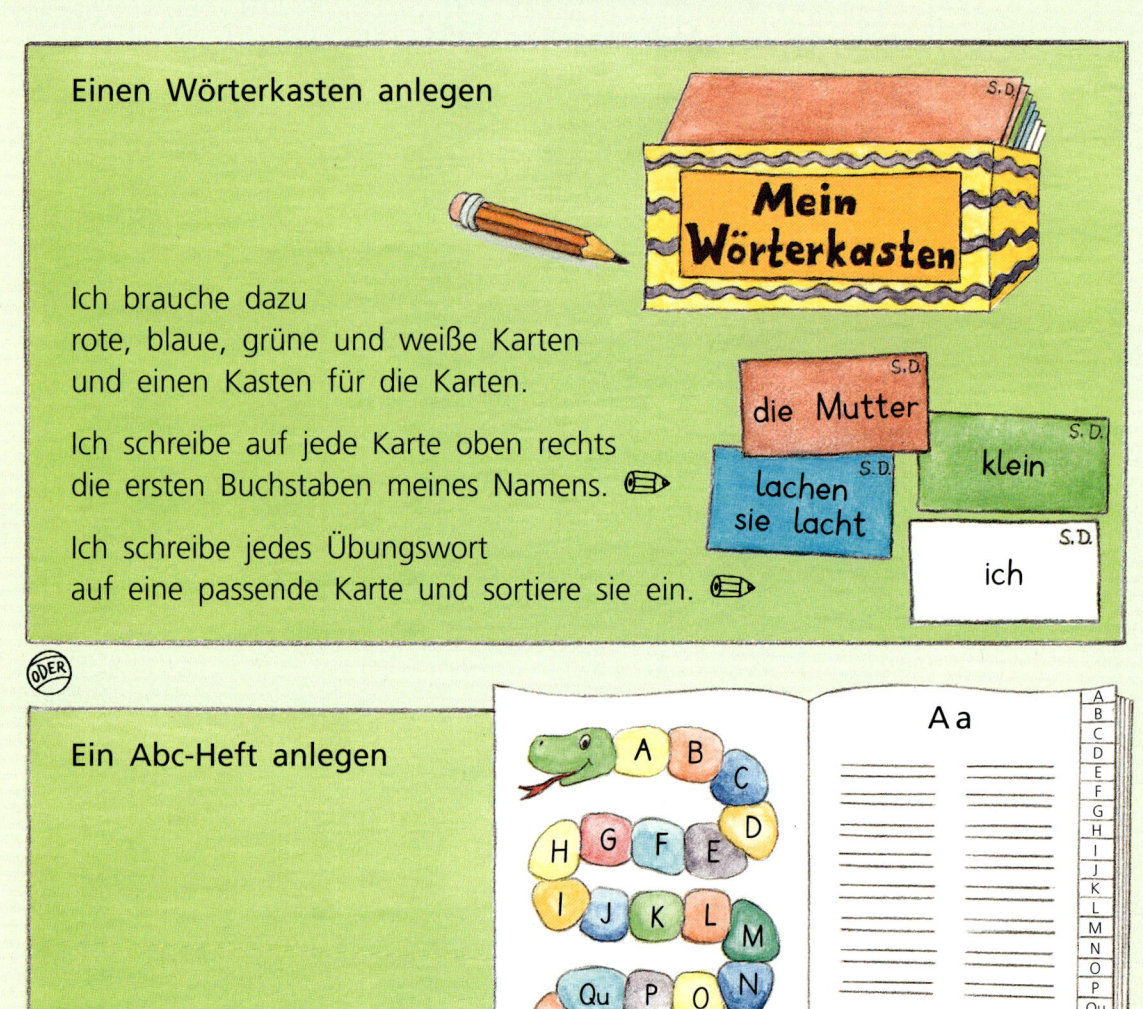

Einen Wörterkasten anlegen

Ich brauche dazu
rote, blaue, grüne und weiße Karten
und einen Kasten für die Karten.

Ich schreibe auf jede Karte oben rechts
die ersten Buchstaben meines Namens.

Ich schreibe jedes Übungswort
auf eine passende Karte und sortiere sie ein.

Ein Abc-Heft anlegen

Ich brauche dazu
ein Abc-Heft.

Ich trage die Übungswörter
bei dem richtigen Buchstaben ein.

😊 Überprüft, ob eure Wörter richtig geschrieben sind.
Lasst dann die Lehrerin oder den Lehrer überprüfen.

Übungen für Nomen

1 Suche Nomen für Menschen, Tiere, Pflanzen, Dinge.
✏ Menschen: der Vater, …
Tiere: die Katze, …
Pflanzen: …
Dinge: …

2 Welche Nomen musst du dir besonders merken? Schreibe schwierige Stellen farbig nach.
✏ der Zu**ck**er, …

3 👧👦 Diktiert euch gegenseitig fünf Nomen.
Bildet auch die Mehrzahl. Überprüft.
✏ der Drachen – die Drachen, …

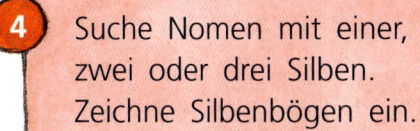

4 Suche Nomen mit einer, zwei oder drei Silben. Zeichne Silbenbögen ein.
✏ 1: das Haus, …
2: der Igel, …
3: Weihnachten, …

6 Was kannst du essen und trinken? Suche sechs Nomen.
✏ das Ei, die Suppe, …

5 Suche Nomen mit **er** oder **el** am Ende. Unterstreiche.
✏ er: die Mutt<u>er</u>, …

1. Wähle Aufgaben aus.
Arbeite mit deinen Übungswörtern.

Übungen für Verben und Adjektive

1 Wähle sechs Verben aus. Schreibe zu jedem Verb einen Satz.
✏️ malen: Wir malen in der Schule.

3 aus | ab | ein | an
Suche fünf Verben, die sich damit verbinden können. Unterstreiche.
✏️ schneiden: <u>aus</u>schneiden

2 Suche Verben mit **ll**, **mm**, **nn**, **ss**. Schreibe die doppelten Mitlaute farbig nach.
✏️ fa**ll**en – er fä**ll**t, …

4 Suche sechs Verben.
✏️ spielen – sie spielt, …

5 Wähle drei Adjektive aus und ergänze das Gegenteil.
✏️ rund – eckig, …

7 Welche Adjektive passen zu den Nomen?
✏️ der rote Apfel, …

6 Suche zu fünf Adjektiven ein passendes Nomen.
✏️ schwarz: die schwarze Katze, …

1. Wähle Aufgaben aus. Arbeite mit deinen Übungswörtern.

Übungen für alle Wörter

1 Suche fünf Wörter mit **ie**.
Fahre **ie** farbig nach.
✏ die B**ie**ne, …

2 Suche Wörter mit drei, vier und fünf Buchstaben.
✏ 3: ich, …
4: alle, …
5: viele, …

3 Suche Wörter mit den Zwielauten **ei**, **au** oder **eu**.
Fahre sie farbig nach.
✏ ei: h**ei**ßen, …
au: das **Au**to, …
eu: h**eu**te, …

4 lustig Geburtstag

👥 Jedes Kind wählt ein Wort aus. Bildet damit gemeinsam einen Satz.
✏ Wir feiern einen lustigen Geburtstag.

5 Suche Wörter mit einer, zwei und drei Silben.
Zeichne die Silbenbögen ein.
✏ 1: mit, im, …
2: heute, immer, …
3: einladen, ausgehen, …

6 Suche Wörter mit **ff**, **ll**, **mm**, **nn**, **pp**, **ss**, **tt**.
Setze in jedem Wort unter den kurzen Selbstlaut einen Punkt.
✏ a̤lle, die So̤nne, …

1. Wähle Aufgaben aus. Arbeite mit deinen Übungswörtern.

Im Wörterbuch nachschlagen

Wenn du unsicher bist, wie man ein Wort schreibt, hilft dir dein Wörterbuch.
Dort stehen die Wörter nach dem Abc geordnet.
So kannst du damit arbeiten:

der Freund

1. Schritt: sprechen

Ich spreche das Wort deutlich.
Ich merke mir
den Anfangsbuchstaben.
Ich spreche ihn leise.

Freund

F

F – F – F

2. Schritt: suchen

Wo steht der Buchstabe im Abc?
Am Anfang? In der Mitte?
Am Ende? Ich schlage die Seite
mit dem Anfangsbuchstaben auf
und suche das Wort.

3. Schritt: merken

Ich lese das Wort.
Worauf muss ich achten?
Ich lasse das Wörterbuch offen.

Freund
Fr**eu**nd

4. Schritt: schreiben

Ich schreibe das Wort auf
und vergleiche.

Achte auch auf
den zweiten und dritten Buchstaben.
Dann findest du das Wort leichter.

Hammer
Hand
Hase

Übungen

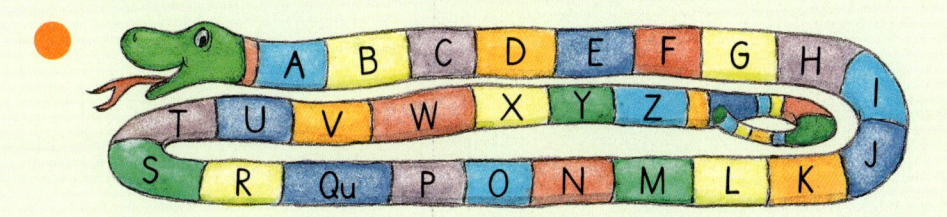

1. Suche in deinem Wörterbuch oder in der Wörterliste das erste Wort mit A, B, C, ...
Schreibe die Wörter und die Seitenzahlen auf.

Emma   Antonia   Max   Lukas
Leon   Benjamin   Lisa

2. Ordne die Namen der Kinder nach dem Abc.

3. Schreibe die Namen deiner Mitschülerinnen und Mitschüler auf Streifen.
Ordne die Streifen nach dem Abc. Klebe sie auf.

4. Schreibe die Telefonnummern dazu.
Dann hast du eine Telefonliste.

Ich schreibe Wörter für Obst und Gemüse auf.

5. Welche Tiere kennst du? Schreibe auf.
Vergleiche jedes Wort mit dem Wörterbuch und ergänze die Seitenzahl.
Denke an die vier Schritte.

Am Computer schreiben

Du möchtest am Computer schreiben.
Wie geht das?

1. Schritt: vorbereiten

Ich schalte den Computer ein
und wähle ein Schreibprogramm aus.

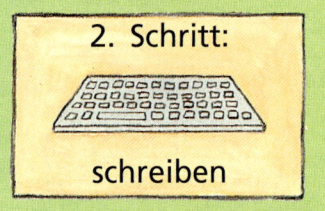

2. Schritt: schreiben

Ich schreibe den Text mit der Tastatur.
Diese Tasten helfen mir:

Ich drücke die **Umschalttaste**,
um Großbuchstaben
zu schreiben.

Ich drücke die **Eingabetaste**,
um eine Leerzeile einzufügen.

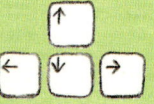

Ich drücke die **Pfeiltasten**,
um die Einfügemarke (den Cursor)
zu bewegen.

Ich drücke die **Rücktaste**,
um ein Zeichen links neben
dem Cursor zu löschen.

Ich drücke die **Löschtaste**,
um ein Zeichen rechts neben
dem Cursor zu löschen.

Meine Schildkröte

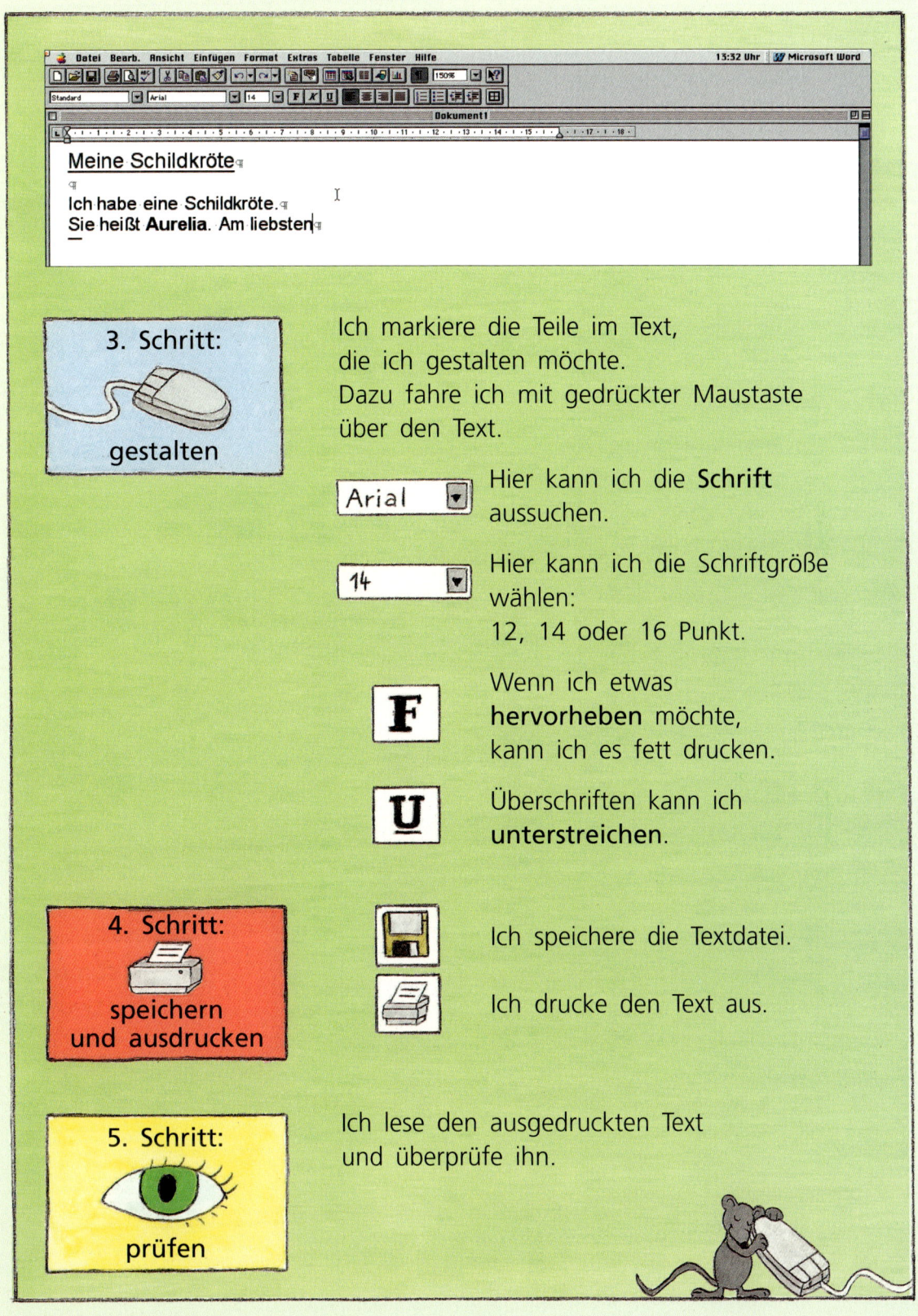

Ich habe eine Schildkröte.
Sie heißt **Aurelia**. Am liebsten

3. Schritt: gestalten

Ich markiere die Teile im Text, die ich gestalten möchte.
Dazu fahre ich mit gedrückter Maustaste über den Text.

Arial — Hier kann ich die **Schrift** aussuchen.

14 — Hier kann ich die Schriftgröße wählen:
12, 14 oder 16 Punkt.

F — Wenn ich etwas **hervorheben** möchte, kann ich es fett drucken.

U — Überschriften kann ich **unterstreichen**.

4. Schritt: speichern und ausdrucken

Ich speichere die Textdatei.

Ich drucke den Text aus.

5. Schritt: prüfen

Ich lese den ausgedruckten Text und überprüfe ihn.

Eine Geschichte schreiben

Du schreibst eine Geschichte, aber in der Geschichte stimmt etwas nicht. Worauf musst du achten?

In der richtigen Reihenfolge schreiben

Freitag   Samstag Morgen

Samstag Nachmittag   Sonntag

Tipp:
Schreibe auf, was nacheinander geschieht.

1   Ein schönes Wochenende

2   Zuerst habe ich am Freitag mit meiner Mutter Einkäufe in der Stadt gemacht.

5   Am Sonntag sind wir wieder nach Hause gekommen.

3   Danach sind wir zu meiner Omi gefahren.

4   Wir sind am Samstag mit Omi in den Zoo gegangen.

Hier stimmt etwas nicht!

1. Was ist nacheinander geschehen?
   Lies die Geschichte richtig vor.

2. Schreibe eine Geschichte von deinem Wochenende auf.
   Was ist nacheinander geschehen?

Übungen

🌼 Sören liegt im Garten.

☁️ So fliegen beide los.

⭐ Sören ist begeistert.

🌙 Alle Dinge sind auf einmal ganz klein.

❤️ Ein Vogel fliegt zu ihm.

🎲 Der Vogel flüstert:

🎯 „Ich nehme dich auf eine Reise mit. Komm mit mir!"

🔺 Da entdeckt Sören …

1. Ordne die Abschnitte. Male die Zeichen auf.
   ✏️ 🌼, …

2. Suche eine Überschrift für die Geschichte.
   Schreibe auf, was nacheinander geschieht. ✏️

3. Wie kann die Geschichte weitergehen?
   ✏️ Da entdeckt Sören …

   ODER Erfinde eine eigene Fantasiegeschichte
   und schreibe sie auf. ✏️

4. Lest euch eure Geschichten vor.
   Versteht ihr, was nacheinander geschehen ist?

Eine Geschichte schreiben

Du schreibst eine Geschichte, aber manchmal fangen deine Sätze immer gleich an. Was kannst du tun?

Unterschiedliche Satzanfänge verwenden

Jeden Morgen wieder

Tipp 1:
Stelle um.

Ich muss jeden Morgen früh aufstehen.
~~Ich~~ wasche mir ~~zuerst~~ mein Gesicht. → Zuerst ich

Tipp 2:
Lass **und dann** weg.
Lass **und** weg.

~~Und dann~~ ziehe ~~ich~~ mich an. → Ich
~~Und jetzt~~ frühstücke ich → Jetzt
mit Papa und Kevin.

Tipp 3:
Setze andere Wörter ein.

Dann putze ich meine Zähne.
~~Dann~~ gehe ich zur Schule. → Danach

Wörter für **dann**:
anschließend, danach, endlich, jetzt, nun, später, zum Schluss

Übungen

● Ich baue mir heute einen Papierflieger.
Ich hole mir dafür ein Blatt.
Ich falte zuerst das Papier zu einem Flugzeug.
Ich male meinen Flieger dann an.
Ich kann jetzt mit ihm spielen.

1. Überarbeite die Geschichte.
   Denke an Tipp 1.
   ✏ Heute baue ich …

● **Nachts im Wald**
Es war schon dunkel im Wald.
Und da knackte plötzlich ein Ast.
Und ein Uhu schrie.
Und ich hatte große Angst.
Und ich stolperte auf einmal.
Und da wachte ich auf.
Und zum Glück war es nur ein Traum.

2. Überarbeite die Geschichte.
   Denke an Tipp 1 und 2.
   ✏ Nachts im Wald

3. Schreibe eine eigene Gruselgeschichte. ✏

● Gestern wollte ich eine E-Mail schreiben.
Ich schaltete meinen Computer an.
Dann rief ich das E-Mail-Programm auf.
Dann gab ich die E-Mail-Adresse ein.
Und dann schrieb ich die E-Mail und schickte sie ab.
Dann stürzte plötzlich mein Computer ab.
Ob die E-Mail wohl angekommen ist?

4. Überarbeite den Text. Denke an Tipp 2 und 3.
   ✏ Gestern wollte ich …

101

Eine Geschichte schreiben

Du möchtest eine Geschichte schreiben und dabei treffend und genau beschreiben. Diese Tipps helfen dir.

Genauer beschreiben

Tipp 1:
Benutze treffende Adjektive (Wiewörter).

Pippo Pippolino zieht oft eine *karierte* Hose, ein *gelbes* T-Shirt und *breite, blaue* Hosenträger an.
Meistens trägt er eine *bunte, lustige* Mütze und *riesige* Schuhe.

Tipp 2:
Verwende zusammengesetzte Nomen (Namenwörter). Sie bezeichnen etwas genauer.

Auf meiner ~~Feier~~ *Geburtstagsfeier* gibt es ~~Kuchen~~ *Erdbeerkuchen* und ~~Torte~~ *Sahnetorte*.
Wir trinken ~~Saft~~ *Apfelsaft*.

Tipp 3:
Verwende für **sagen** manchmal andere Wörter.

Sara erzählte uns etwas von ihrem Hamster.
Sie ~~sagte~~ *berichtete*, dass ihr Hamster am Tag schläft.
Tom ~~sagte zu~~ *fragte* Sara: „Ist ein Hamster auch nachts wach?" „Ja", ~~sagte~~ *antwortete* Sara.

> Wörter für **sagen**:
> berichten, beschreiben, bitten, erklären, erzählen, flüstern, fragen, reden, rufen

Übungen

blond
geringelt
rot
gestreift
blau
lila
braun
lang
kurz

1. Beschreibe genau, wie Franz und Gabi aussehen.
   Denke an Tipp 1.
   ✏ Franz hat blonde, geringelte Locken …

2. Beschreibe deinen Freund oder deine Freundin.
   ✏ So sieht Gül aus: Sie hat …

Bagger
Wald
Fahrrad
Picknick
Baum

Am Wochenende machten wir
einen Ausflug
zu dem neuen Spielplatz.
Wir hatten auch einen Korb dabei.
Unterwegs badeten wir
in einem See.
Aber am besten war das Haus!

3. Beschreibe genauer. Denke an Tipp 2.
   ✏ Am Wochenende machten wir
   einen Fahrradausflug. …

schreien
jammern
rufen
flüstern
fragen
antworten
erklären

Tabea stößt mit Ilja zusammen.
Ilja sagt: „Pass doch auf!"
Tabea sagt: „Das wollte ich nicht."
Ilja sagt: „Ist schon gut."
Tabea sagt: „Tut dir etwas weh?"
Ilja sagt: „Nein, alles in Ordnung."
Tabea gibt Ilja die Hand.

4. Überarbeite die Geschichte. Denke an Tipp 3. ✏

Eine Handlungsanleitung schreiben

Du möchtest dein Lieblingsrezept aufschreiben.
Worauf musst du achten?

Tipp 1:
Schreibe auf, was du brauchst.

Josis Möhrensalat
Zutaten:
2 Möhren, 1 Apfel, 2 Esslöffel Orangensaft,
1 Tropfen Speiseöl

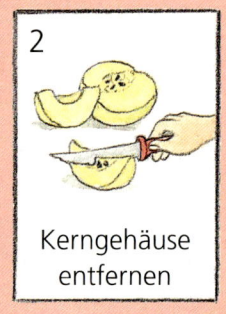

1 Möhren und Apfel schälen
2 Kerngehäuse entfernen
3 Möhren und Apfel raspeln
4 Öl und Saft dazugeben
5 alles vermischen

Zubereitung:
1. Möhren und Apfel schälen,
2. das Kerngehäuse …,

Tipp 2:
Schreibe auf, was du nacheinander tun musst.

1. Schreibe das Rezept vollständig auf.
   Josis Möhrensalat
   Zutaten: …
   Zubereitung: …

104

Übungen

Zutaten:

Popcorn-Mais,
Speiseöl,
Zucker oder
Salz

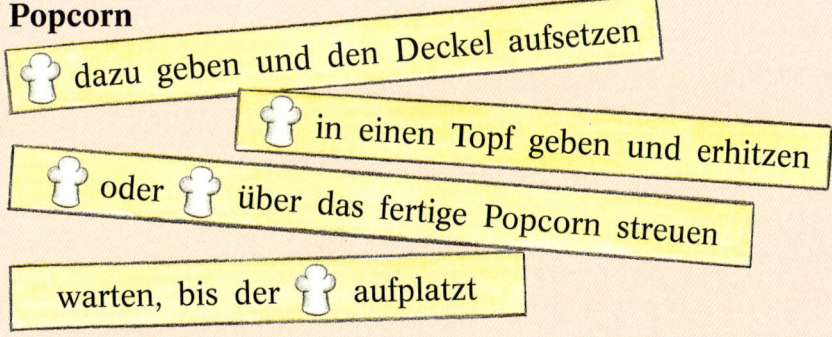

🔸 **Popcorn**

> 👨‍🍳 dazu geben und den Deckel aufsetzen
>
> 👨‍🍳 in einen Topf geben und erhitzen
>
> 👨‍🍳 oder 👨‍🍳 über das fertige Popcorn streuen
>
> warten, bis der 👨‍🍳 aufplatzt

1. Setze die Zutaten richtig ein.

2. Wie wird Popcorn zubereitet? Schreibe das Rezept vollständig auf. Beachte die Tipps von Seite 104.
   ✏️ Popcorn
   Zutaten: …
   Zubereitung: …

3. Hast du auch ein Lieblingsrezept? ✏️

trocknen
lassen

Finger
auf Papier
tupfen

Finger
anmalen

Arme,
Beine
und Kopf
malen

🟣 **Tupfi-Bilder**

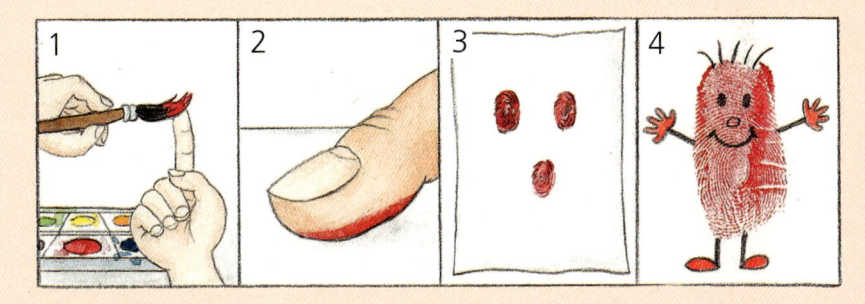

4. Was brauchst du?
   ✏️ Das brauche ich:
   Malkasten, …

5. Schreibe auf, was du nacheinander tun musst.
   ✏️ Das muss ich tun:
   1. Finger …

6. Was erleben die Tupfis? Schreibe eine Geschichte. ✏️

Eine Postkarte schreiben

Du möchtest aus deinem Urlaub eine Postkarte schicken.
Was ist dabei wichtig?

Tipp 1:
Achte auf
die vollständige
Adresse:
- Name
- Straße
- Ort
- Land

Tipp 2:
Vergiss das
Datum nicht!

Tipp 3:
Wähle eine
passende **Anrede**:
- Hallo …
- Liebe/Lieber …

Tipp 4:
Denke an **Gruß**
und **Unterschrift**.

Saluti da Italia!

② 01. August

③ Liebe Christina,
hier an der Adria
ist das Wetter toll,
denn fast immer scheint
die Sonne. Das Meerwasser
ist auch schön warm.
Am liebsten spiele ich
im Sand und baue Burgen.

④ Bis bald,
deine Freundin Maria

① Christina Klein
Feldstraße 51

56789 Waldstadt
Deutschland

1. Schreibe eine Postkarte an deine Freundin
   oder an deinen Freund.

Eine Einladung schreiben

Du möchtest für deine Gäste eine Einladung schreiben.

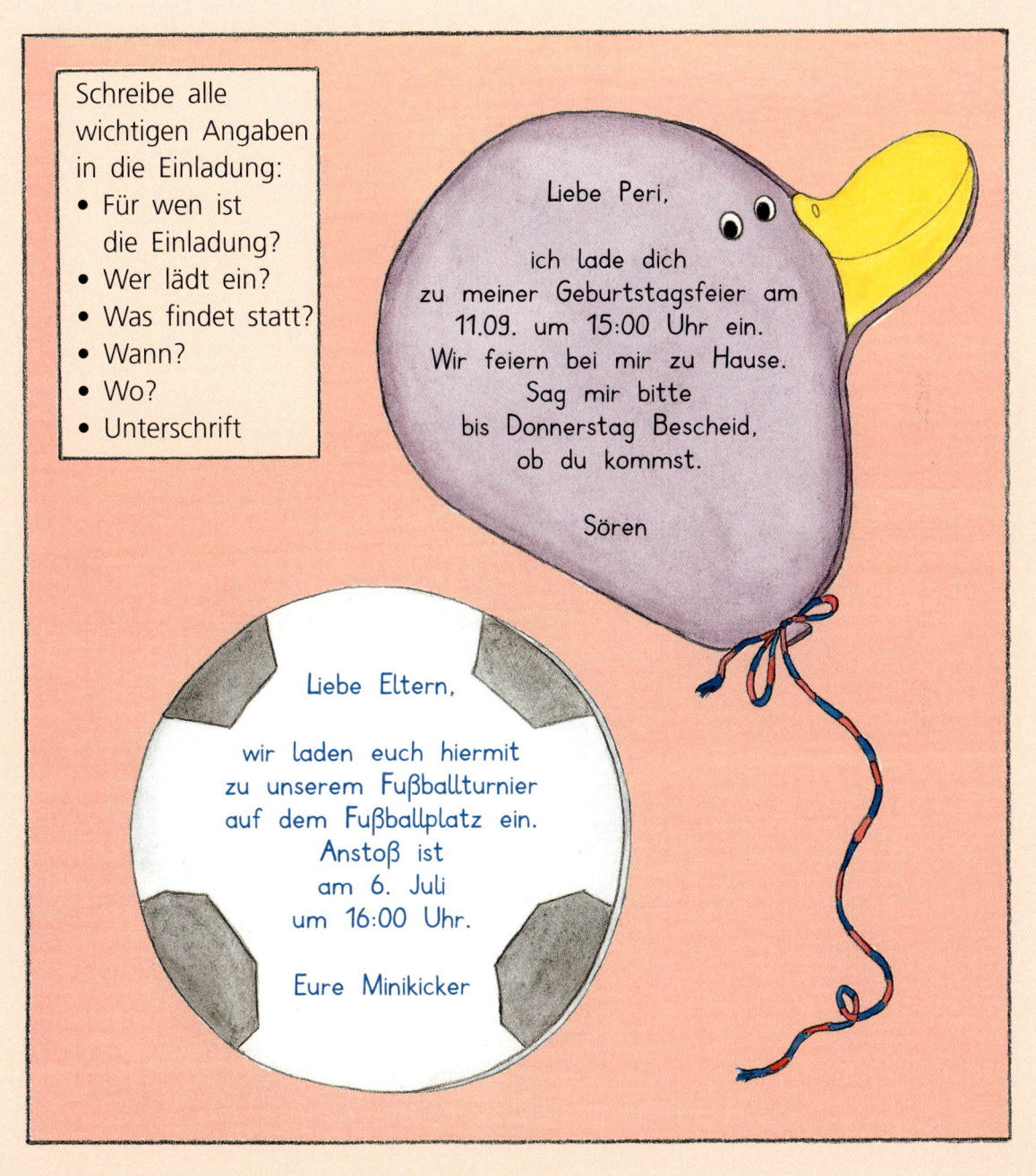

Schreibe alle wichtigen Angaben in die Einladung:
- Für wen ist die Einladung?
- Wer lädt ein?
- Was findet statt?
- Wann?
- Wo?
- Unterschrift

Liebe Peri,

ich lade dich zu meiner Geburtstagsfeier am 11.09. um 15:00 Uhr ein. Wir feiern bei mir zu Hause. Sag mir bitte bis Donnerstag Bescheid, ob du kommst.

Sören

Liebe Eltern,

wir laden euch hiermit zu unserem Fußballturnier auf dem Fußballplatz ein. Anstoß ist am 6. Juli um 16:00 Uhr.

Eure Minikicker

1. Gestalte und schreibe eine Einladung zu deinem Geburtstag ODER zu einem anderen Fest.

Wörter in Silben gliedern

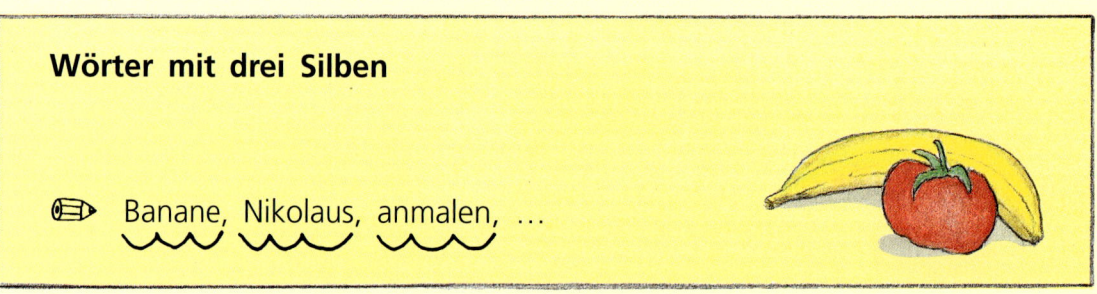

Bei mir fehlt manchmal ein Buchstabe im Wort.

Sprich das Wort deutlich. Schwinge dabei die Silben. In jeder Silbe ist ein Selbstlaut.

Wörter mit drei Silben

✏︎ Banane, Nikolaus, anmalen, ...

Wörter mit zwei Silben

✏︎ Kerze, spielen, böse, Oma, ...

Wörter mit einer Silbe

✏︎ rot, hart, Heu, ...

1. Suche Wörter zu den Gruppen und sprich sie deutlich. Schwinge dabei die Silben.

Übungen

Start

- ▲ Weihnachten
- ● Gemüse
- 2 Felder vor
- ■ Tanne
- ◆ Spiele
- ▲ Buntstifte
- ■ Lineal
- ◆ Kissen
- ● Teller
- 2 Felder zurück
- ■ Garten
- ▲ Drachen
- ◆ König
- ▲ Liederbuch
- ■ Stein
- 3 Felder zurück
- ● Märchenbuch
- ◆ Mutter
- ▲ Geburtstag
- ■ Suppe
- 1 Runde aussetzen
- ◆ Keller
- ▲ Einladung
- ● Schule
- ■ Tisch

Ziel

Trimm-dich-Pfad

So könnt ihr üben:
- Würfelt und setzt eure Figuren.
- Lest das Wort vor.
- Stellt die Silben des Wortes so dar:

  ◆ Silben schwingen

  ▲ Silben gehen

  ■ Silben hüpfen

  ● das Wort aufschreiben

  ✏ Gemüse

- Wer zuerst am Ziel ist, hat gewonnen.

1. Spielt das Würfelspiel.
   Denkt euch weitere Bewegungen aus.

Wörter deutlich sprechen

Manche Laute klingen ähnlich.

Sprich das Wort ganz deutlich. Achte auf den Luftstrom.

Wörter mit K/k, P/p, T/t am Anfang

Luftstrom

✏ er kocht, die Puppe, der Tisch, ...

Wörter mit B/b, D/d, G/g am Anfang

kein Luftstrom

✏ der Ball, die Dose, gut, ...

1. Suche Wörter zu den Gruppen und sprich sie deutlich. Überprüfe mit dem Luftstrom.

Übungen

Deckel
Dose

Kartoffeln
Korb
kaufen

Gurke
gesund

Tasse
Teller
Tee

bunt
Ball

Post
Paket
Puppe

1. Sprich die Wörter deutlich. Achte auf den Luftstrom.

2. Suche aus der Wörterliste weitere Wörter mit
B/b, D/d, G/g, K/k, P/p oder T/t am Wortanfang.
Gestalte Bilder.

Garten
Kissen
Bär
kalt
geben
dein
Puppe
Tafel
basteln

Bingo
So könnt ihr üben:
- Jeder schreibt die Wörter in verschiedene Felder.
- Ein Kind liest die Wörter vor.
- Jeder legt einen Spielstein auf dieses Wort.
- Wer zuerst drei Wörter in einer Reihe belegt hat, ruft „Bingo".

BINGO!

3. Stellt euch Bingo-Pläne her.

Lange und kurze Selbstlaute unterscheiden

Ich kann lange und kurze Selbstlaute nicht unterscheiden.

Sprich die Wörter mit den passenden Bewegungen.

Wörter mit langem Selbstlaut

langer Selbstlaut ✏️ die N<u>a</u>se, das Sp<u>ie</u>l, r<u>o</u>t, ...

Wörter mit kurzem Selbstlaut

kurzer Selbstlaut ✏️ das Messer, sie rennt, die Katze, ...

1. Sprich die Wörter und mache passende Bewegungen dazu. Achte auf den langen und kurzen Selbstlaut.
2. Suche weitere Wörter zu den Gruppen.

Übungen

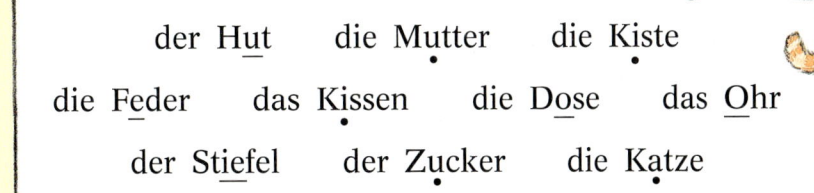

der H<u>u</u>t	die M**u**tter	die K**i**ste
die F<u>e</u>der	das K**i**ssen	die D<u>o</u>se	das <u>O</u>hr
der St<u>ie</u>fel	der Z**u**cker	die K**a**tze

1. Sprich die Wörter mit den passenden Bewegungen.
   Achte auf den langen oder kurzen Selbstlaut.

2. ✏ lang: der H<u>u</u>t, …
   kurz: die M**u**tter, …

Wenn ich ⓘ lang spreche, schreibe ich meistens ie.

die Biene		das Spiel
fliegen	der Stiefel	sieben
	das Lied	gießen
der Brief	sie	

3. Sprich die Wörter deutlich.

4. Unterstreiche den langen Selbstlaut.
   ✏ die B<u>ie</u>ne, das …

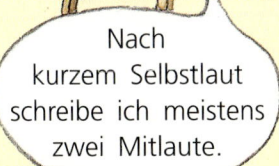

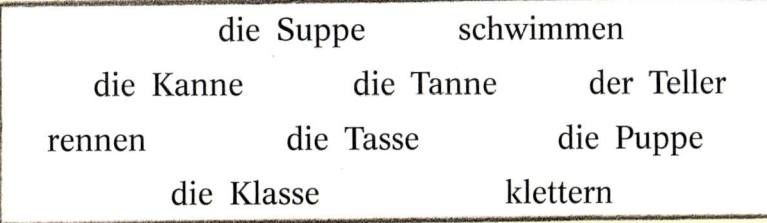

Nach kurzem Selbstlaut schreibe ich meistens zwei Mitlaute.

die Suppe	schwimmen	
die Kanne	die Tanne	der Teller
rennen	die Tasse	die Puppe
die Klasse	klettern	

5. Sprich auch diese Wörter.
   Achte auf den kurzen Selbstlaut.

6. Zeichne unter den kurzen Selbstlaut einen Punkt.
   ✏ die S**u**ppe, schw**i**mmen, …

Wörter mit ä und äu schreiben

Ich weiß nicht, ob man das Wort mit ä oder e, mit äu oder eu schreibt.

Suche ein verwandtes Wort mit a oder au.

Verwandte Wörter mit a

backen, darum Bäcker

✏ der Garten – die Gärten
warm – die Wärme

Verwandte Wörter mit au

Traum, darum träumen

✏ rauben – der Räuber
das Haus – die Häuser

1. Suche weitere Wörter zu den Gruppen.

114

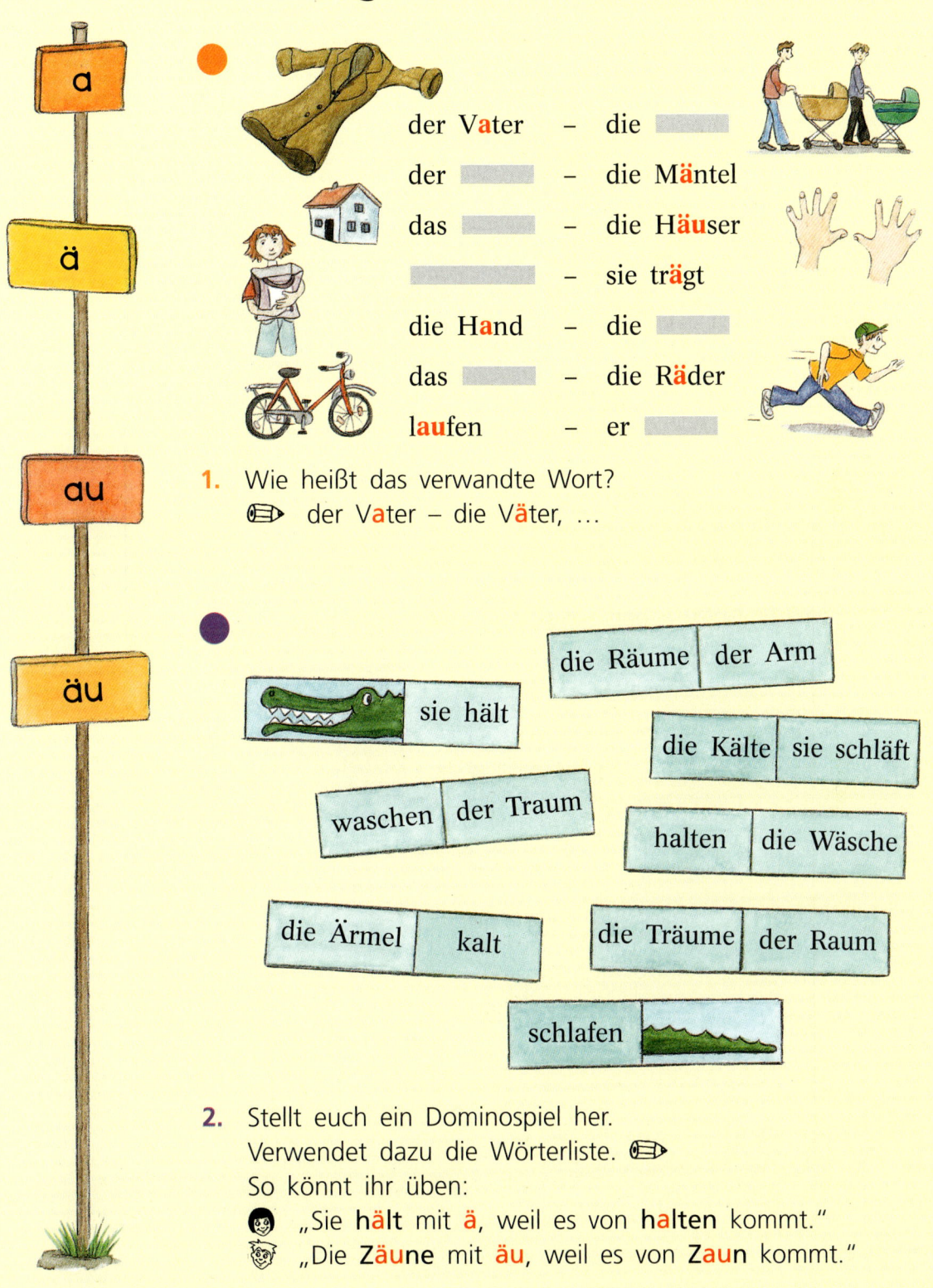

Übungen

a / ä / au / äu

der Vater – die ▭
der ▭ – die Mäntel
das ▭ – die Häuser
▭ – sie trägt
die Hand – die ▭
das ▭ – die Räder
laufen – er ▭

1. Wie heißt das verwandte Wort?
   ✏ der Vater – die Väter, …

die Räume	der Arm
sie hält	
die Kälte	sie schläft
waschen	der Traum
halten	die Wäsche
die Ärmel	kalt
die Träume	der Raum
schlafen	

2. Stellt euch ein Dominospiel her.
   Verwendet dazu die Wörterliste. ✏
   So könnt ihr üben:
   😊 „Sie **hält** mit **ä**, weil es von **halten** kommt."
   😊 „Die **Zäune** mit **äu**, weil es von **Zaun** kommt."

115

Wörter mit b, d, g am Ende schreiben

Ich weiß nicht, wie man das Wort am Ende schreibt.

Verlängere das Wort, dann hörst du es.

b oder p?

✏ die Körbe – der Korb
gelbe Äpfel – gelb

d oder t?

✏ die Hände – die Hand
die Kinder – das Kind

g oder k?

✏ die Berge – der Berg
die Züge – der Zug

1. Suche passende Wörter und verlängere sie.

Übungen

🐴🐴	die Pfer_e	– das Pfer_ 🐴
🏰🏰	die Bur_en	– die Bur_ 🏰
🚂🚂	die Zü_e	– der Zu_ 🚂
⚙️⚙️	die Rä_er	– das Ra_ ⚙️
🥄🥄	die Sie_e	– das Sie_ 🥄
🎵	die Lie_er	– das Lie_ 🎵
	die We_e	– der We_

1. Welcher Buchstabe fehlt?
Lies das Wort und verlängere es.
✏️ die Pferde – das Pferd
die Burgen – die …

die Kinder   die Bänke   die Ban_
das Kin_   die Züge   die Wälder
der Zu_   der Wal_
die Tage   die Boote   das Boo_
der Ta_   die Zelte   das Zel_

2. Stellt euch Kartenpaare her. ✏️
Legt abwechselnd die Karten und sprecht dazu:
👦 „die Wäl**d**er"
👧 „deshalb Wal**d** mit **d**"

Merkwörter schreiben

Ich kann mir manche Wörter nicht merken.

Auf der nächsten Seite steht, wie du sie dir einprägen kannst.

Wörter mit aa, ee, oo

✏ das Paar, der See, ...

Wörter mit ih

Heute verkleidet Josine sich.
Das ist **ihr** Hut.
Das ist **ihre** Hose.

✏ ihr, ihre, ...

Wörter mit V / v

✏ der Vater, viel, ...

1. Suche weitere Wörter zu den Gruppen.

Übungen

1 Merkstelle nennen
Ich spreche das Wort deutlich.
Was muss ich mir merken?
„Boot mit oo."
das Boot

2 Sätze bilden
Ich denke mir Merksätze aus.
Die kleine Fee trinkt gerne Tee.

3 Mit Schrift gestalten
Ich gestalte Wörter mit derselben Merkstelle.
der Kl🍀

4 Dosendiktat
Ich schreibe die Wörter auf Karten und übe sie als Dosendiktat.
Ich denke dabei an die vier Schritte:

5 Bingo spielen
Jeder schreibt die Wörter mit derselben Merkstelle in einen Bingoplan.

1. Wähle zum Üben deiner Merkwörter Stationen aus.

Buchstaben und Silben

Buchstaben

Wenn wir schreiben, benutzen wir Buchstaben:

Selbstlaute: a, e, i, o, u

Umlaute: ä, ö, ü

Zwielaute: au, ei, eu

Mitlaute:
b c d f g h j k l m n
p qu r s t v w x y z

b c d f g h j k l m n p qu r s t v w x y z

Silben

Ein Wort besteht aus einer **Silbe** oder mehreren **Silben**.
Jede Silbe hat mindestens einen Selbstlaut, Umlaut oder Zwielaut.

Wenn du deutlich sprichst, kannst du die Silben hören:

Wal   Igel   Papagei   Ameisenbär

Krokodil

120

Übungen

🟠 **a**, **e**, **i**, **o** oder **u**?
K▪pf   F▪ß   B▪rg   g▪lb   k▪lt   l▪ch▪n

ä, **ö** oder **ü**?
h▪pfen   B▪r   h▪ren   gr▪n   m▪gen   sch▪n

au, **ei** oder **eu**?
Fr▪nd   dr▪   l▪fen   schr▪ben   L▪te

1. Setze die fehlenden Selbstlaute, Umlaute und Zwielaute ein. Fahre sie farbig nach.
   ✏ K**o**pf, …

| Mitlaute tauschen |
| Selbstlaute tauschen |

🟣 Aus **Fisch** wird ein Möbelstück.
Aus **Wand** wird eine Gruppe von Bäumen.
Aus **Blume** wird ein Kleidungsstück.

Hose verwandelt sich in ein Tier.
Aus **Uhr** wird ein Körperteil.
Aus **Schale** wird ein Haus, in dem du lernst.

2. Kannst du die Rätsel lösen?
   ✏ **F**isch – **T**isch, …

3. Suche weitere Wörter aus der Wörterliste und verändere sie. ✏

Alle Wörter sind Monatsnamen.

🟢 Ja   Ok   Ju   Sep   li   ni   ber
Au   A   gust   ar
nu   Ju   to   tem
         pril
         ber

4. Setze die Silbenkarten zu Wörtern zusammen. Zeichne die Silbenbögen ein.
   ✏ Januar, …

121

Nomen (Namenwörter)

Wörter für Menschen, Tiere, Pflanzen und Dinge nennen wir **Nomen** (Namenwörter).
Nomen (Namenwörter) schreiben wir groß.

die Oma   der Bär   die Blume   das Haus

Nomen (Namenwörter) haben **Artikel** (Begleiter):

bestimmte Artikel:
der Bär
die Oma
das Haus

unbestimmte Artikel:
ein Bär
eine Oma
ein Haus

Die meisten Nomen (Namenwörter) können in der **Einzahl** und in der **Mehrzahl** stehen.

das Schwein   die Schweine

Nomen (Namenwörter) können wir mit anderen Wörtern zusammensetzen.
Mit **zusammengesetzten Nomen** (Namenwörtern) können wir uns genauer ausdrücken.

die Hose   die Latzhose,
                        die Badehose, …

Übungen

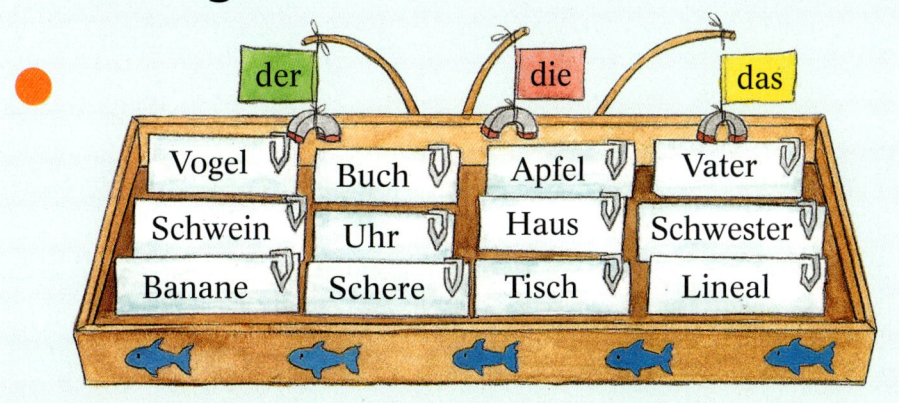

der | die | das

Vogel, Buch, Apfel, Vater, Schwein, Uhr, Haus, Schwester, Banane, Schere, Tisch, Lineal

1. Hole jedes Nomen mit der richtigen Angel heraus.
   ▶ der Vogel, ...

der Hund
die Hunde
der Stift
die Stifte
der Ball
die Bälle
das Kind
die Kinder

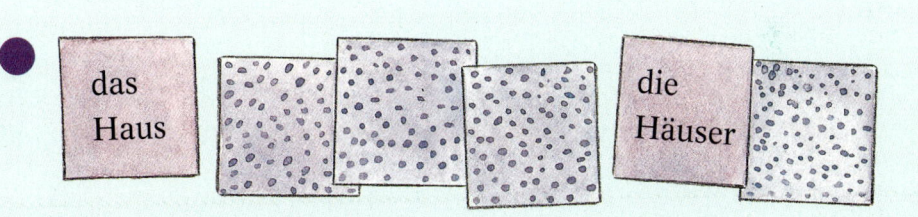

das Haus — die Häuser

2. Stellt euch ein Merkspiel zu Einzahl und Mehrzahl her. Sucht dazu weitere Nomen aus der Wörterliste. ▶

Käse
Wurst
Tomaten
Gurken
Kartoffel
Obst

Salat

3. Wie heißen die Salate? Kennst du noch andere?
   ▶ der Käsesalat, ...

4. Welche unterschiedlichen Bälle kennst du?
   ▶ der Handball, ...

Verben (Tunwörter)

Verben (Tunwörter) sagen uns,
was jemand tut oder was geschieht.

Ich **spiele** draußen.
Es **regnet**.

Verben (Tunwörter) können
ihre Form ändern.

mal**en**   ich mal**e**
(Grundform)   du mal**st**
                    er/sie/es mal**t**
                    wir mal**en**
                    ihr mal**t**
                    sie mal**en**

Viele Verben (Tunwörter) kann man
mit Wortbausteinen verändern.

geben: an geben,

         ab geben,

         auf geben,

         aus geben

Übungen

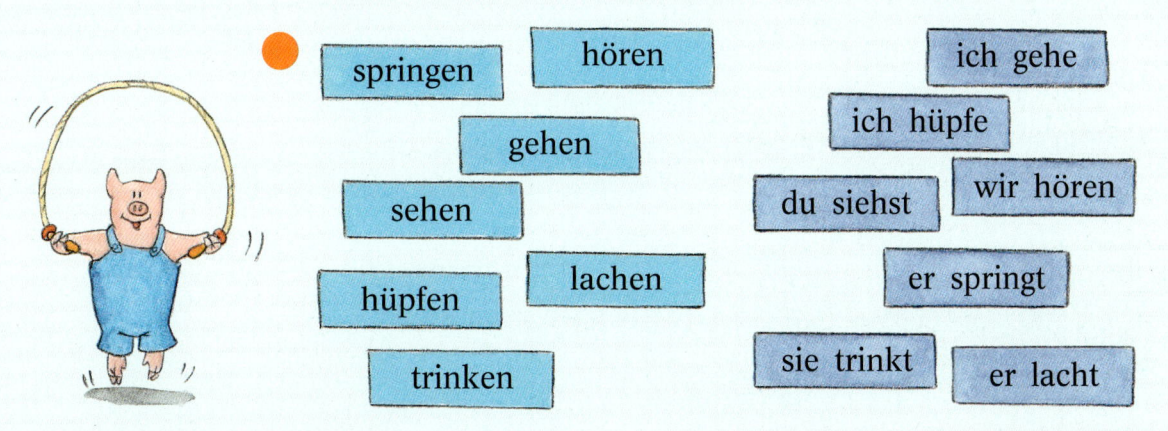

springen   hören   ich gehe
gehen   ich hüpfe
sehen   du siehst   wir hören
lachen   er springt
hüpfen
trinken   sie trinkt   er lacht

1. Ordne zu.
   ➭ springen – er springt, …

2. Suche weitere Verben aus der Wörterliste.
   ➭ holen – ich hole, …

3. 😀😀 Sucht euch Verben aus und spielt sie ohne Worte vor.

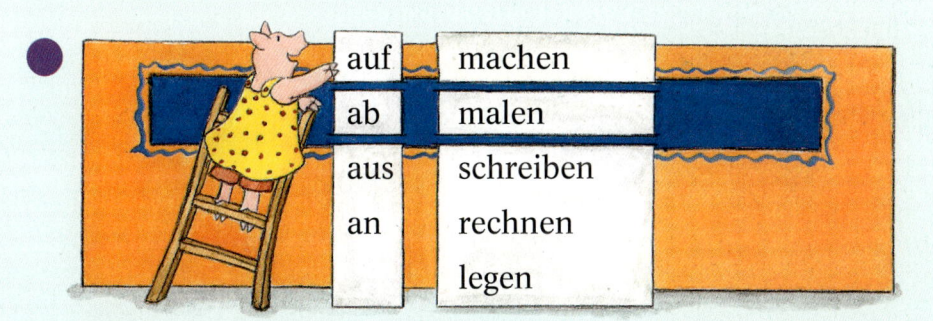

auf	machen
ab	malen
aus	schreiben
an	rechnen
	legen

4. 😀😀 Baut eine Wortbaumaschine. Verschiebt die Streifen so, dass neue Verben entstehen. Welche Verben kennst du?
   ➭ aufmachen, …

5. Wähle sechs Verben mit ab , aus , auf oder an aus. Bilde mit ihnen Sätze.
   ➭ Ich kann die Flaschen aufmachen. …

125

Adjektive (Wiewörter)

Adjektive (Wiewörter) sagen uns, wie etwas ist.
Wir können mit ihnen etwas genauer beschreiben.

Ich kenne ein Tier,
das ist **dick**, **schön**,
rosa, **schnell** und **lieb**.

Viele Adjektive (Wiewörter)
gibt es als **Gegensatzpaare**.

dick   – dünn
schön   – hässlich
schnell – langsam
lieb   – böse
alt   – jung

Wenn ein Adjektiv (Wiewort)
vor einem Nomen (Namenwort) steht,
verändert das Adjektiv meist seine Form.

das dick**e**, schön**e** Schwein
ein lustig**es**, geringelt**es** Schwänzchen
die schwarz**en**, glänzend**en** Augen

Übungen

weich
klein
kalt
sauer
süß
reich
schwer

Kuchen
Kiste
Eis
Knopf
Kissen
König
Zitrone

1. Wie sind diese Sachen?
   Die Zitrone ist sauer. Die Kiste ist …

2. Schreibe auch so:
   der süße Kuchen, …

kurz
traurig
gesund
jung
groß
dick

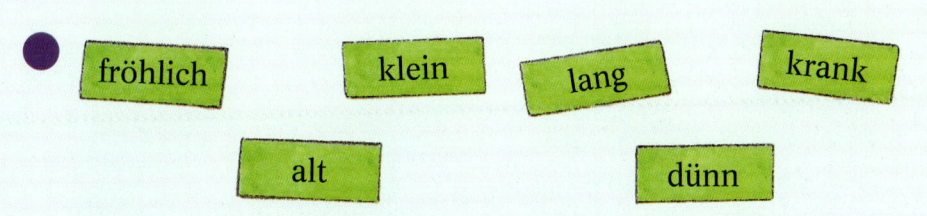

fröhlich klein lang krank
alt dünn

3. Stellt euch Wendekarten mit Gegensatzpaaren her.
   Sucht weitere Adjektive aus der Wörterliste.

4. Spielt damit:
   Ein Kind liest ein aufgedecktes Adjektiv vor,
   das andere Kind nennt das Gegenteil. Wechselt euch ab.

dick
lang
grün
spannend
gestreift
lustig
rot

Kennst du Muri vom Lese-Stern?
Muri hat einen ▪ Körper
und eine ▪ Nase.
Auf dem Kopf sind vier ▪ Haare.
Er trägt ▪ Strümpfe.
In der Hand hält er ein ▪ Buch.
Muri liest gern ▪ Geschichten.

5. Ergänze passende Adjektive.

127

Sätze

Wenn wir erzählen oder berichten,
benutzen wir **Aussagesätze**.
Am Ende eines Aussagesatzes steht ein Punkt.

Josi und Josine lachen.

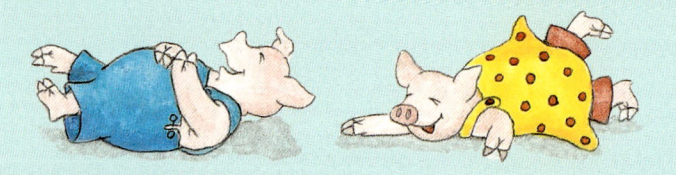

Wenn wir etwas fragen, benutzen wir **Fragesätze**.
Nach einem Fragesatz steht ein **Fragezeichen**.

Was machen wir jetzt?

Wenn wir jemanden auffordern oder etwas befehlen,
benutzen wir **Aufforderungssätze**.
Nach einem Aufforderungssatz steht ein **Ausrufezeichen**.

Spiel mit mir!

Den Satzanfang schreiben wir groß.

Übungen

Kim	malt	einen Hund.
Opa	verschenkt	einen Baum.
Meine Freundin	kauft	eine Mütze.
	trägt	eine Katze.
	verliert	ein Baby.

1. Bilde Aussagesätze.

Mustafa ist mein Freund er kommt
aus der Türkei wir spielen zusammen Fußball
Mustafa spielt auch gerne Karten
er mag Schokoladeneis und Pizza

2. Hier fehlen fünf Punkte.
Schreibe die Sätze richtig auf.
Beachte: Nach dem Punkt schreiben wir groß.

3. Schreibe über deinen Freund oder deine Freundin.

Fährst du mich zum Sport ▪
Ja, pack schnell deine Sachen ▪
Wo sind meine Schuhe ▪
Im Regal ▪
Hast du dein T-Shirt ▪
Ich habe das blaue eingepackt ▪

4. Schreibe das Gespräch auf.
Setze die Satzzeichen . oder ? oder ! ein.

129

Unsere Wörterliste

A

ab 
acht
alle
alt
am
an
anmalen, sie malt an
anzünden, er zündet an
der **Apfel**, die Äpfel 
der **April**
der **Arm**, die Arme
auch
auf
das **Auge**, die Augen
der **August**
aus
ausschneiden, sie schneidet aus

B

der **Ball**, die Bälle
die **Banane**, die Bananen
der **Bär**, die Bären
basteln, er bastelt
der **Bauch**, die Bäuche
der **Berg**, die Berge

das **Bild**, die Bilder 
blau
die **Blume**, die Blumen
böse
der **Brief**, die Briefe
der **Bruder**, die Brüder
das **Buch**, die Bücher

C

der **Computer**, die Computer

D

da
dann
das
der
der **Dezember**
die
der **Dienstag**
dir
der **Donnerstag**
der **Drachen**, die Drachen 
drei

E

das **Ei,** die Eier
ein, eine
einkaufen, er kauft ein
einladen, sie lädt ein
die **Einladung,** die Einladungen
eins
elf
er
es
essen, er isst, iss

F

fahren, sie fährt, fahr
fallen, er fällt
der **Februar**
finden, sie findet
der **Finger,** die Finger
der **Fisch,** die Fische
fliegen, er fliegt
der **Freitag**
sich **freuen,**
sie freut sich
der **Freund,**
die Freunde
die **Freundin,**
die Freundinnen
fünf
der **Fuß,** die Füße

G

der **Garten,**
die Gärten
geben, es gibt
der **Geburtstag,**
die Geburtstage
das **Gedicht,** die Gedichte
gehen,
sie geht, geh
gelb
das **Gemüse**
gern
gesund
es **gibt**
groß
grün
gut

H

das **Haar,** die Haare
haben, er hat
die **Hand,** die Hände
hart
sie **hat**
das **Haus,** die Häuser
heiß
heißen,
ich heiße, er heißt
das **Hemd,** die Hemden

heraus
herum
heute
die **Hexe,**
　　die Hexen
der **Himmel**
　　hinein
　　hoch
　　holen, sie holt
　　hören, er hört
die **Hose,** die Hosen
der **Hund,** die Hunde
　　hüpfen, sie hüpft
der **Hut,** die Hüte

I

　　ich
　　ihm
　　ihn
　　ihr, ihre
　　im
　　in
er **ist**

J

der **Januar**
　　jede, jeder
der **Juli**

　　jung
der **Juni**

K

der **Käfig,**
　　die Käfige
　　kalt
sie **kann**
die **Kartoffel,**
　　die Kartoffeln
die **Katze,**
　　die Katzen
　　kaufen, er kauft
der **Keller,**
　　die Keller
die **Kerze,**
　　die Kerzen
das **Kind,** die Kinder
das **Kissen,** die Kissen
die **Kiste,** die Kisten
die **Klasse,** die Klassen
das **Kleid,** die Kleider
　　klein
　　kochen, sie kocht
　　kommen, er kommt
der **König,** die Könige
　　können, sie kann
der **Kopf,** die Köpfe
　　krank
der **Kuchen,** die Kuchen

L

lachen, er lacht
langsam
lassen, sie lässt
laufen, er läuft
der Lehrer,
 die Lehrer
die Lehrerin,
 die Lehrerinnen
lernen, sie lernt
die Leute
lieb
das Lied, die Lieder
liegen, er liegt
das Lineal, die Lineale
der Löffel, die Löffel

M

ich mag
der Mai
malen, sie malt
der Mantel,
 die Mäntel 
der März
mein, meine
das Messer,
 die Messer
mir
mit

der Mittwoch
mögen, er mag
der Montag
der Mund, die Münder
die Mutter, die Mütter

N

die Nase,
 die Nasen
neun
der Nikolaus
der November

O

oft
das Ohr,
 die Ohren
der Oktober
die Oma, die Omas
der Opa, die Opas

P

die Pfanne,
 die Pfannen
die Puppe,
 die Puppen

Qu

R

rechnen, er rechnet
rennen, sie rennt
rot
der Rücken, die Rücken

S

der Samstag
sauer
der Schal, die Schals
schenken, er schenkt
die Schere, die Scheren
der Schnee
schneiden, sie schneidet
schnell
schön
schreiben, er schreibt
der Schuh, die Schuhe
die Schule, die Schulen
der Schüler, die Schüler
die Schülerin,
die Schülerinnen
schwarz
schwer
die Schwester, die Schwestern
schwimmen, sie schwimmt

sechs
sehen, er sieht
sein, seine
der September
sich
sie
sieben
sie sind
singen,
sie singt
der Sommer,
die Sommer
die Sonne
der Sonntag
der Spaß, die Späße
das Spiel, die Spiele
spielen, er spielt
springen, sie springt
stehen, er steht
steigen, sie steigt
der Stein, die Steine
der Stern, die Sterne
der Stiefel, die Stiefel
die Straße, die Straßen
die Suppe, die Suppen
süß

T

der Tag, die Tage
die Tanne, die Tannen

die **Tasse**, die Tassen
der **Teller**, die Teller
das **Tier**, die Tiere
der **Tisch**, die Tische
der **Topf**, die Töpfe
tragen, sie trägt
trinken, er trinkt, trink
der **Turm**, die Türme
turnen, sie turnt

U

die **Uhr**, die Uhren
und
uns

V

der **Vater**, die Väter
viel, viele
vier
der **Vogel**, die Vögel
vor

W

wann
warum
was

das **Wasser**
weich
Weihnachten
weiß
wer
werden, es wird
wie
wieder
er **will**
der **Wind**
der **Winter**, die Winter
wir
es **wird**
wo
die **Woche**, die Wochen
wollen, er will

X Y

Z

zehn
der **Zoo**
zu
der **Zucker**
zusammen
zwei
zwölf

Übersicht über die Lerneinheiten

Inhalt	Sprechen	Texte schreiben
Eine Fahrt übers Meer (Seite 4–11)	zu Bildern erzählen (4–11); deutlich sprechen (4, 5, 7, 9); Verse sprechen (6)	eine Geschichte fortsetzen (11)
Ich bin ich und du bist du (Seite 12–17)	einen Vers sprechen (12); erzählen und zuhören (12–14)	ein Ich-Heft anlegen (13); mit Schrift gestalten (13); Ich-Heft (13, 14); Sätze bilden (14, 15); eine Geschichte schreiben (15)
Zusammen spielen (Seite 18–23)	erzählen und zuhören (18); genau beschreiben (20); das Abc lernen und sprechen (22, 23)	mit Schrift gestalten (22, 23); ein Wörter-Abc anlegen (22)
Im Herbst (Seite 24–29)	erzählen und zuhören (24, 26); Informationen einholen (24); Gespräche führen (24); Tätigkeiten pantomimisch darstellen (25); einen Vers sprechen (28); eine Handlungsanleitung umsetzen (26)	Sätze bilden (24, 25); ein Gedicht gestalten (27); kreatives Schreiben: Elfchen (27); Texte veröffentlichen (27); Ich-Heft (29)
Kleine und große Tiere (Seite 30–37)	zu Bildern erzählen (30, 32); Bilder und Informationen sammeln (32, 35); sich über Texte austauschen (33); Informationen präsentieren (35); Sätze bilden (35); Geschichten erzählen (35)	eine Tiergeschichte schreiben (31); Wörter zu Fotos in einem Cluster sammeln (32) und für Geschichten verwenden (33); sich über Texte austauschen (33); Texte veröffentlichen (33); eine Postkarte schreiben (34); einen Tier-Steckbrief schreiben (35)
Weihnachtszeit (Seite 38–43)	erzählen und zuhören (38, 39); Sätze bilden (42)	Ich-Heft (38); mit Schrift gestalten (39); ein Gedicht aufschreiben und gestalten (40); zusammengesetzte Wörter (42); verwandte Wörter sammeln (42)
Woche für Woche (Seite 44–49)	einen Vers sprechen (44); die Wochentage lernen und lesen (44, 45); erzählen und zuhören (46); eine Handlungsanleitung umsetzen (47)	Ich-Heft (44); einen Wochenplan in Tabellenform schreiben (44); Listen schreiben (47); Bilderrätsel schreiben und gestalten (48); eine Einladung schreiben und gestalten (49)
Wenn es Winter wird (Seite 50–55)	erzählen und zuhören (50, 51); zu Fotos und Bildern erzählen (54, 55); partnerbezogenes Sprechen (50); genau beschreiben (51, 52); sich über Geschichten austauschen (55): – Textverständnis, – passende Überschrift	Wörter in einem Cluster sammeln (50); Ich-Heft (50); Schreibideen sammeln (54); Rätsel schreiben (52, 53); sich über Geschichten austauschen (55): Textverständnis, passende Überschrift; Texte veröffentlichen (55); freies Schreiben (54); zu einem Bild eine Geschichte schreiben (55)

Rechtschreiben	Sprachbewusstsein entwickeln
Laut-Buchstaben-Zuordnung (4, 5); Silbentrennung (7); Endungen -er und -el bei Nomen (9)	Laute und Buchstaben (4, 5); Silben (7); zusammengesetzte Nomen (8); Satzteile und Sätze (10, 11)
Großschreibung von Eigennamen und Nomen (14, 16); Wortschatzsicherung (14, 15, 17); Übungstext (richtig abschreiben) (17)	Buchstaben und Laute zuordnen (12); Eigennamen (14); Nomen für Menschen, Tiere, Pflanzen und Dinge (16); Wörter und Namen in anderen Sprachen (12, 14, 17)
Wörter mit B/b, D/d, G/g (20); Wortschatzsicherung (18–21, 23); Übungstext (Begleiter) (19)	Nomen: – bestimmter und unbestimmter Begleiter (19, 20), – Einzahl und Mehrzahl (21); Wörter in anderen Sprachen (18, 23)
Selbstlaute (28); lange und kurze Selbstlaute unterscheiden (29); Wortschatzsicherung (24–26, 28, 29); Übungstext (Nomen) (26)	Verben: – Benennung von Tätigkeiten (24, 25), – Grund- und Personalform (25); Selbstlaute (28, 29); Wörter in anderen Sprachen (24)
Großschreibung von Satzanfängen (31); Wörter mit aa, ee, oo (33, 34); Wörter mit ä, ö, ü (35); Umlaute bei Verkleinerungsformen (36); Umlaute bei Mehrzahlbildung (37); Wortschatzsicherung (31, 34–37); Übungstexte (31, 36)	Punkt am Satzende beim Aussagesatz (31); Umlaute (35, 37); Nomen: – Verkleinerungsformen (36), – Mehrzahlbildung (37); Wörter in anderen Sprachen (30)
Silbentrennung (41); Auslautverhärtung bei Nomen (43); Wortschatzsicherung (41–43); Übungstext (Nomen) (43)	Silben (41); zusammengesetzte Nomen (42); Wortfamilien (42); Wörter und Texte in anderen Sprachen (38, 40)
Wörter mit kurzem Selbstlaut und doppeltem Mitlaut (47, 48); Wortschatzsicherung (44–49); Übungstext (Würfeldiktat) (46)	zusammengesetzte Nomen (48, 49); Wörter in anderen Sprachen (46)
Wörter mit K/k (53); Silbentrennung (53); Wortschatzsicherung (51–53, 55); Übungstext (Adjektive) (53)	Adjektive (51); Gegensatzpaare bei Adjektiven (52); Silben (53); Wörter in anderen Sprachen (50)

Inhalt	Sprechen	Texte schreiben
Freunde (Seite 56–63)	zu Bildern und Bilderfolgen erzählen (56–58, 60, 61); auf die richtige Reihenfolge achten (60); Geschichten mit wörtlicher Rede lebendig gestalten (61); szenisch etwas darstellen (56–58, 61); Konfliktlösungen finden (58); sich entschuldigen (57, 58)	Geschichten zu Bilderfolgen und Bildern schreiben (56, 57); eine passende Überschrift finden (56, 57); Mitteilungen für die Klassenpinnwand schreiben (58); Schreibideen sammeln (58); Ich-Heft (62)
Ostern (Seite 64–69)	Handlungsanleitungen umsetzen (64, 65, 67); Informationen aus verschiedenen Medien einholen und präsentieren (68)	ein Gedicht gestalten (64); Handlungsanleitungen schreiben (65); Sätze bilden (67);
Hexen, Detektive und Co. (Seite 70–75)	zu Kinderbuchfiguren erzählen (70); Bücher, Hörspiele, CD-ROMs vorstellen (70); eine Geschichte fortsetzen (70, 71); eine szenische Aufführung planen (72); eine Geschichte szenisch darstellen (71, 72); eine Handlungsanleitung umsetzen (73); Geheimschrift entschlüsseln (74); Informationen im Internet einholen (75)	eine Geschichte fortsetzen (70); Sätze bilden (72, 73); eine Handlungsanleitung schreiben (73); eine geheime Botschaft schreiben (74)
Meine Familie (Seite 76–83)	erzählen (76, 78, 80, 83); mit Stabfiguren Spielszenen entwickeln (76); eine Spielanleitung erklären und umsetzen (81); Fragen betont vorlesen (78); Fragen beantworten (78); Informationen einholen (78)	einen Tagesablauf schreiben (76); eine Figur vorstellen (76); Aufforderungssätze formulieren (77); über sich selbst als Baby schreiben (78); Texte veröffentlichen (78); Stichpunkte sammeln (80); Wörter in einem Cluster sammeln (80, 83); eine Einladung schreiben und gestalten (80); Spielideen in einer Tabelle sammeln (81); eine Geschichte zu einem Bild schreiben (83)

Das Lern-Mobile (Seite 84–129)

Arbeitstechniken

Wörter richtig abschreiben (86/87)
Wörter richtig aufschreiben (88/89)
Übungswörter sammeln (90–93)
Im Wörterbuch nachschlagen (94/95)
Am Computer schreiben (96/97)

Texte schreiben

Eine Geschichte schreiben:
– In der richtigen Reihenfolge schreiben (98/99)
– Unterschiedliche Satzanfänge verwenden (100/101)
– Genauer beschreiben (102/103)
Eine Handlungsanleitung schreiben (104/105)
Eine Postkarte schreiben (106)
Eine Einladung schreiben (107)

Rechtschreiben

Wörter mit St/st und Sp/sp (59);
Mitlaute (62);
lange und kurze Selbstlaute unterscheiden (62, 63);
Mitlautverdopplung nach kurzem Selbstlaut (63);
Wortschatzsicherung (56, 59, 62, 63);
Übungstext (Wörter mit St/st und Sp/sp) (59)

Farbadjektive (64);
Verben mit ab-, an-, auf-, aus- (65);
Zahlwörter (66);
Wörter mit den Zwielauten au, ei, eu (66);
Wörter mit langem Selbstlaut (67);
Fragewörter und Fragezeichen (68);
verwandte Wörter sammeln (67);
Ableitungen von Wörtern mit a/ä und au/äu;
Wortschatzsicherung (64, 66, 67–69);
Übungstexte (66, 69)

Verben mit ab-, an-, auf-, aus- (73);
Pronomen (72);
Wörter mit P/p, K/k, T/t (74);
Wortschatzsicherung (72–75);
Übungstext (Partnerdiktat) (75)

Ausrufezeichen (77);
Verben im Imperativ (77);
Monatsnamen (79);
Umlaute bei Verkleinerungsformen (79);
Wörter mit ie (82);
Wortschatzsicherung (77, 79, 80, 82, 83);
Übungstext (Wortfeld „gehen") (82)

Sprachbewusstsein entwickeln

Verben in Grund- und Personalform (59);
Mitlaute und Selbstlaute (62);
Wörter in anderen Sprachen (57)

Farbadjektive (64);
Zahlwörter (67);
Wortbausteine an-, ab-, auf-, aus- (65);
Verben in Grund- und Personalform (66);
Zwielaute au, ei, eu (66);
Wortfamilien (67, 69);
Fragesätze (68);
Wörter und Zahlen in anderen Sprachen (64, 67)

Pronomen ihr/ihre und sein/seine (72);
Wortbausteine auf-, aus-, ab-, an- (73);
Geheimschrift (74);
Wörter in anderen Sprachen (72)

Aufforderungssätze (77);
Fragesätze (78);
Verben in Grund- und Imperativform (77);
Umlaute (79);
Wortfeld „gehen" (81);
Wörter in anderen Sprachen (76, 78, 80)

Richtig schreiben

Wörter in Silben gliedern (108/109)
Wörter deutlich sprechen (110/111)
Lange und kurze Selbstlaute unterscheiden (112/113)
Wörter mit ä und äu schreiben (114/115)
Wörter mit b, d, g am Ende schreiben (116/117)
Merkwörter schreiben (118/119)

Sprache untersuchen

Buchstaben und Silben (120/121)
Nomen (Namenwörter) (122/123)
Verben (Tunwörter) (124/125)
Adjektive (Wiewörter) (126/127)
Sätze (128/129)

Stichwortverzeichnis

Sprechen
Eine eigene Meinung äußern: 13, 33, 39, 55, 58
Erlebnisse erzählen: 26, 38, 39, 50, 51, 61, 76, 78
Folgerichtig und zusammenhängend erzählen: 18, 24, 30, 32, 34, 35, 46, 55, 56, 58, 60, 70, 73, 80, 83
Gedichte, Verse und kurze Texte vortragen: 6, 12, 27, 40, 44, 64, 71
Gespräche führen: 18, 24, 26, 30, 33, 34, 38, 50, 54, 55, 56, 58, 68, 71, 76, 78, 81
Informationen geben und einholen: 24, 26, 27, 30, 35, 39, 45, 51, 68, 70, 72, 75, 78, 80, 81
Sprachkonventionen anwenden: 56, 57, 58
Szenisch spielen: 25, 50, 56 – 58, 61, 71, 76, 81
Über Texte sprechen: 33, 34, 35, 55, 70, 71, 80, 98 – 107
Übungen zur Erweiterung der Satzbildung: 10, 15, 17, 24, 25, 35, 72, 76
Verbesserung der Artikulation: 4 – 7, 9, 12, 20, 28, 29, 36, 40, 41, 43, 53, 59, 62, 74, 78, 108 – 113, 116f.

Texte schreiben
Eine Postkarte schreiben: 34, 106
Einen Steckbrief schreiben: 35
Einladungen schreiben und gestalten: 49, 80, 107
Erlebnisse, Beobachtungen aufschreiben: 13, 14, 24, 30, 31, 38, 44, 46, 50, 51, 58, 61, 62, 76, 78, 98
Geschichten erfinden: 11, 14, 31, 33, 54, 55, 57, 70, 82, 83, 99, 101, 105
Handlungsanleitungen schreiben: 47, 65, 73, 104f.
In Tabellen schreiben: 21, 44, 81
Poetische Texte schreiben: 27
Schreiben und gestalten: 13, 22, 27, 39, 40, 42, 48, 49, 64, 78, 80, 107, 119
Textaufbau: 30, 33, 55, 56f., 60, 65, 83, 98 – 103
Texte überarbeiten: 31, 33, 34, 35, 55, 80, 98 – 107
Unterschiedliche Satzanfänge verwenden: 100f.
Zuordnung von Wörtern, Sätzen und Satzfolgen zu Bildern und Bildfolgen: 11, 16, 30, 32, 33, 39, 46, 47, 51, 52, 56, 57, 60, 61, 65, 73, 82, 99, 104f.

Rechtschreiben
Ableitungen von Wörtern mit a/ä und au/äu: 69
Alphabet: 12, 22f., 94f.
Auslautverhärtung bei Nomen: 43, 116f.
Erarbeitung und Sicherung eines Wortschatzes: u. a. 17, 20, 23, 26, 29, 31, 33, 37, 43, 46, 49, 53, 55, 59, 63, 66, 69, 75, 83, 108 – 119, 121, 123, 125, 127
Festigung der Zuordnung von Lauten und Buchstaben: 4, 5, 9, 12, 18, 20, 28, 35, 53, 59, 62, 66, 74, 110f., 120f.
Großschreibung von Nomen: 14, 16, 17, 18 – 23, 26, 42, 43, 48, 49, 59, 63, 74, 79, 80, 91, 92, 116f., 122f.
Großschreibung von Satzanfängen: 10, 15, 31, 128f.
In der Wörterliste/im Wörterbuch nachschlagen: 22f., 94f.
Lange und kurze Selbstlaute unterscheiden: 29, 62, 112f.
Mitlaute: 62, 113, 120f.
Selbstlaute: 28, 62, 112, 120f.
Silbentrennung: 7, 41, 53, 91, 93, 108f., 120f.
Umlaute: 35, 36, 37, 69, 114, 115, 120f.
Umlaute bei Mehrzahlbildung: 37
Umlaute bei Verkleinerungsformen: 36, 79
Verwandte Wörter: 42, 67, 69, 114f., 116f.
Wörter mit aa, ee, oo: 33, 34, 118f.
Wörter mit B/b, D/d, G/g am Wortanfang: 18, 20, 110f.
Wörter mit ie: 82, 93, 118f.
Wörter mit ih: 72, 118f.
Wörter mit K/k, P/p, T/t am Wortanfang: 53, 74, 110f.
Wörter mit kurzem Selbstlaut und doppeltem Mitlaut: 47, 48, 63, 92, 93, 112f.
Wörter mit langem Selbstlaut: 29, 62, 67, 82, 112f.
Wörter mit Sp/sp und St/st: 59
Wörter mit V/v: 118f.
Zwielaute: 66, 93, 114, 120f.

Sprachbewusstsein entwickeln
Adjektive: 51 – 53, 64, 92, 102f., 126f.
Artikel: 18 – 21, 37, 122f.
Aufforderungssatz, Ausrufezeichen: 77, 128f.
Aussagesatz, Punkt: 30f., 128f.
Eigennamen: 12 – 14, 95
Fragesatz, Fragezeichen: 68, 78, 128f.
Fürwörter: 15, 72, 118f.
Nomen: 14, 16 – 23, 36, 37, 42, 43, 48, 49, 79, 80, 89, 91, 95, 122f.
Nomen: Einzahl – Mehrzahl: 21, 37, 43, 91, 116f., 122f.
Nomen: Verkleinerungsformen: 36, 79
Nomen: Zusammensetzungen: 8, 42, 48, 49, 80, 102f., 122f.
Satz als Sinneinheit: 10, 11, 15, 17, 24, 34, 35, 42, 57, 63, 73, 76, 82, 93, 100, 119, 128, 129
Verben: 24f., 46, 56, 59, 62, 65, 66, 73, 77, 81, 82, 92, 102f., 124f.
Verben mit Wortbausteinen: 65, 73, 92, 124f.
Wörter in anderen Sprachen: 12, 14, 17, 18, 22, 23, 24, 30, 38, 40, 46, 50, 57, 64, 67, 72, 76, 78, 81
Wortfamilien: 42, 67, 69, 114f.
Wortfeld gehen: 81f.
Zahlwörter: 67

Arbeitstechniken
Am Computer schreiben: 27, 31, 33, 96f.
Im Wörterbuch nachschlagen: 22f., 48, 94f.
Übungswörter sammeln: 17, 23, 29, 37, 43, 49, 55, 63, 69, 75, 83, 90 – 93
Wörter richtig abschreiben: 17, 19, 23, 26, 29, 31, 36, 37, 40, 43, 46, 49, 53, 55, 57, 59, 62, 63, 66, 67, 69, 75, 83, 86f., 109, 111, 113, 115, 117, 119
Wörter richtig aufschreiben: 36, 59, 67, 75, 88f., 118f.

Quellenverzeichnis

Texte

S. 6: Piratenreime; aus: Barbara Cratzius, Piraten-Sommer. Neue Geschichten, Sing- und Bewegungsspiele, © Verlag Herder, Freiburg 2. Auflage 2003
S. 27: Herbst-Elfchen; Originalbeitrag
S. 40: Good morning …; Originalbeitrag
S. 40: Seid stille, nicht geplappert …; aus: Hanna Hanisch, Niklaus, zieh die Stiefel an, Vorweihnachtliche Lieder, Verse und Gedichte; aus: Die Schulreihe, Heft 209, Deutscher Theaterverlag, Weinheim o. J.
S. 40: Niklas, Niklas, guter Gast …; Volksgut
S. 40: Dat is Sinterklaas …; Volksgut
S. 70/71: Texte nach KNISTER, Hexe Lilli wird Detektivin, © 1996 by Arena Verlag GmbH, Würzburg
S. 73/74: Ideen aus: KNISTER, Hexe Lilli wird Detektivin, s.o.
S. 76, 78, 79: Ideen von Edda Hogh, Durlangen

Abbildungen

S. 13: Kinderzeichnungen (Wiebke Judith, Evessen)
S. 30: Bildagentur Wildlife, Hamburg (Pferd: S. Stuewer, Dackel: G. Czepluch, Schildkröte: O. Diez); Katze: Helga Schünemann, Schongau
S. 32: Schimpansen: © Arcor Images Bildagentur, Lünen; Giraffen: Erlebnis-Zoo Hannover
S. 33: Kinderzeichnungen (Rosa Jung, Hamburg)
S. 34: Foto: Zoo Wilhelma, Stuttgart
S. 35: Cover: Eckart Pott, Das große Ravensburger Tierlexikon von A-Z, © 1993, 2002 by Ravensburger Buchverlag Otto Maier GmbH, Ravensburg/Valérie Guidoux, Marcelle Geneste, Christophe Merlin, Der Bär, © 1999 by Editions Nathan, Paris – France, © der deutschsprachigen Ausgabe by Annette Betz Verlag im Verlag Carl Ueberreuter, Wien – München
S. 38 oben: Bildagentur Mauritius, Hamburg; Foto: age (Hl. Lucia)
S. 38 Mitte: Hanne Hinz, Braunschweig
S. 54: Cover: Annemie und Margriet Heymans, Die Prinzessin vom Gemüsegarten, © 1993 Text, Illustrationen und Ausstattung der deutschen Ausgabe by Verlag Sauerländer, Aarau/Kathryn Cave, Chris Riddell, Irgendwie Anders, © Verlag Friedrich Oetinger, Hamburg/Wolf Erlbruch, Das Bärenwunder, Peter Hammer Verlag GmbH, Wuppertal, 1992/TU WAS! im Juli. Die Zeitschrift für kleine Naturforscher, Heft 7/1999, Domino Verlag München/Der bunte Hund, Nr. 54, Copyright 1999 Beltz & Gelberg in der Verlagsgruppe Beltz, Weinheim, Basel, Berlin
S. 55: aus: Rotraut Susanne Berner, Der fliegende Hut, © 2002 Carl Hanser Verlag, München-Wien
S. 58: Hanne Hinz, Braunschweig
S. 60/61: © Erhard Dietl, München
S. 64: Schülerarbeiten (Angela Behrendt, Braunschweig)
S. 68: © Nils Reinhard/Okapia Bildarchiv, Frankfurt/Main;
Cover: BIMBO, NR. 10/2003, SAILER Verlag, Nürnberg
S. 70: aus: Astrid Lindgren, Pippi Langstrumpf, © by Verlag Friedrich Oetinger, Hamburg/aus: Paul Maar, Am Samstag kam das Sams zurück, © Verlag Friedrich Oetinger, Hamburg/Illustration von Ralph Butschkow, aus: Banscherus, Ein Fall für Kwiatkowski, © Arena Verlag GmbH, Würzburg/Illustration von Winnie Gebhardt-Gayler, aus: Otfried Preußler, Die kleine Hexe, © 1957 by Thienemann Verlag (Thienemann Verlag GmbH), Stuttgart – Wien/Illustration von F. J. Tripp, aus: Otfried Preußler, Der Räuber Hotzenplotz, © 1962 by Thienemann Verlag (Thienemann Verlag GmbH), Stuttgart – Wien/aus: Sven Nordqvist, Ein Feuerwerk für den Fuchs, © Verlag Friedrich Oetinger, Hamburg
S. 70, 71, 75: Illustrationen von Birgit Rieger; aus: KNISTER, Hexe Lilli wird Detektivin, © 1996 by Arena Verlag GmbH, Würzburg
S. 75: Cover: KNISTER, Hexe Lilli im Fußballfieber, © 1998 by Arena Verlag GmbH, Würzburg/KNISTER, Hexe Lilli und das magische Schwert, © 2001 by Arena Verlag GmbH, Würzburg/Hexe Lilli auf Schloss Dracula, © 2002 by Arena Verlag GmbH, Würzburg
S. 76: Stabfiguren: Glummie Riday, Leipzig
S. 79: Bildagentur Mauritius, Mittenwald; Foto: Kupka
S. 106: © P. Thompson/Helga Lade Fotoagentur, Frankfurt/Main

Herausgegeben von
Prof. Dr. Annegret von Wedel-Wolff, Schrozberg
Prof. Dr. Manfred Wespel, Schwäbisch Gmünd

Erarbeitet von
Stefanie Dannenberg, Göttingen
Susen Funk, Waldbrunn
Gabriela Funke, Hannover
Andrea Steck, Heidenheim
Prof. Dr. Annegret von Wedel-Wolff, Schrozberg
Prof. Dr. Manfred Wespel, Schwäbisch Gmünd

Unter Verwendung
einzelner Ideen aus dem Mobile Sprachbuch 1/2,
Ausgabe Bayern, (erarbeitet von Heinrich Koch,
Dieter Lang, Annett Taubert-Striese)

Unter Beratung von
Franz Hecking, Neuwied

Illustrationen von
Andrea Dölling, Augsburg
Gudrun Lenz, Berlin
Oda Ruthe, Braunschweig
G. J. W. Vieth, Birkenwerder

Fotos von
Klaus G. Kohn, Braunschweig